HANS G. PRAGER

Was weißt du vom

Donaustrom?

Mit 39 Zeichnungen im Text, 2 mehrfarbigen und 3 einfarbigen Karten, 4 farbigen und 8 schwarzweißen Kunstdrucktafeln sowie einer mehrfarbigen Schautafel auf der Umschlagrückseite

3., verbesserte Auflage

KOEHLERS VERLAGSGESELLSCHAFT MBH · HERFORD

Umschlaggestaltung Ernst A. Eberhard, Bad Salzuflen, unter Verwendung eines Farbfotos von Hans Hartz, Hamburg / Textzeichnungen: Dietrich Evers, Wiesbaden-Naurod, S. 35 Esso A.G., S. 43 Ernst A. Eberhard / Karte S. 25 Zeitschrift »Schiffahrt und Strom« / Farbfotos: Hans Georg Prager (2), Bavaria-Verlag Heinrich Frese, Gauting (1), Archiv (1) / Schwarzweißfotos: Hans Georg Prager (2), Toni Schneiders (1), Hans Hartz (1), Werkfoto DDSG, Wien (4), Jos. Jeiter (1), A. Plösser (1), Bavaria-Verlag Heinrich Frese, Gauting (1).

Das Umschlagbild zeigt die Donau mit der Stadt Passau

Was weißt du vom Donaustrom?

Königin Donau	3
Ihre Sagen und Märchen	4
Dichter und Schriftsteller	11
Des Stromes Ursprung	14
„Reiseziel" Schwarzes Meer	16
Donaulauf und Wasserführung	21
Etwas über die Strömung	27
Die Donau zerstört und baut	31
Die „weiße Gewalt"	33
Verborgene Schätze	34
Kossowa-Stürme	35
Der Greiner Struden	36
Die Katarakte	38
Etwas über die Nautik	44
Kleine Schiffstypenkunde	48
Die Reedereien	54
Die Donau-Fahrgastschiffahrt	56
Lichter und Signale	58
Donauschiffer-ABC	59
Fische im Donaustrom	59
Geflügelte Anwohner	62
Im Dämmer der Geschichte	64
In den Tagen der Römer	65
„Wer zählt die Völker..."	67
Mosaik der Donauländer	69
Ein Währungslotse	73
Ausklang und Ausblick	74

ISBN 3 7822 0104-3

© 1970 by Koehlers Verlagsgesellschaft mbH, Herford.
Alle Rechte, auch die des auszugsweisen Nachdrucks, der fotomechanischen Wiedergabe und der Übertragung in Bildstreifen, vorbehalten.
Druck: Buchdruckerei H. Brackmann, Löhne (Westf.).
Einband: B. Gehring, Bielefeld.
Printed in Germany.

Die Burgen fallen heim in ihre Zeiten,
von sagenhaften Winden überweht.
Und alt und einsam ist des Stromes Schreiten,
der durch das Land als blinder Sänger geht.

Aus: „Nacht in der Wachau"
von Arthur Fischer-Colbrie

Königin Donau

Zweiundzwanzig Längengrade überquert die Donau auf ihrem fast dreitausend Kilometer langen Lauf von den Höhen des Schwarzwaldes bis zu ihrem Verströmen ins Meer. Wer diesen gewaltigen Strom zu Schiff hinunterreist, der muß unterwegs die Uhr zweimal je eine Stunde vorstellen, denn das Delta der Donaumündung liegt bereits auf der Länge von Kiew und hat Moskauer Zeitrechnung.
Eine Reise stromabwärts führt in eine fremde Welt. Sie ist ein Vorstoß in Weite, Wildnis und Großartigkeit.
Wen wundert es, daß diese Donau, die Tochter Europas — von den Römern als Gottheit Danubius verehrt — seit Anbeginn der Geschichte Durchzugsstraße, Grenzscheide und zugleich Bindeglied gewesen ist? Sie verklammert West und Ost, sie verbindet das Herz des Abendlandes und die Wiege seiner Kultur mit Südost- und Osteuropa sowie mit den Kulturen Asiens. Sie fließt stetig und unbeirrt, ungeachtet aller Zeiterscheinungen.
Das Einzugsgebiet der Donau ist mit seinen 817 000 Quadratkilometern viermal so groß wie das des Rheines. Es umfaßt den elften Teil von Europa! Dieser Strom wälzt alljährlich 203 Milliarden Kubikmeter Wasser ins Schwarze Meer. Das ist so viel, wie Rhein, Weser und Elbe oder so viel wie Dnjestr, Dnjepr, Don und Kuban zusammen ergeben.
„Der erfrischende, der melodische Strom . . ." So hat Hölderlin die Donau besungen. Wirklich, ihr Lauf gleicht einer Sinfonie. Jeder Satz ist vollständig anders, nur das Grundmotiv bleibt — die Hauptmelodie, in immer neuen, klangvollen Variationen. Ja, die Donau — Königin der Ströme, wasserreichster Fluß ganz Europas — ist eine Meisterin der Verwandlungskunst. Wie oft wechselt sie das Wesen auf ihrem Wege, vom reißenden Gebirgsfluß und Engpaß zur Gemächlichkeit des Flachlandstromes und umgekehrt!
Wer je diesen Fluß hinunterfuhr, der wird die mal heitere, mal schwermütig-getragene, dann wieder grandios anmutende Landschaft nie vergessen können. In den „Katarakten" zwischen Alt-Moldova und Turnu Severin durchbricht die Donau die Transsylvanischen Alpen — das Banater Gebirge — und zuletzt das Eiserne Tor. In den Donau-Katarakten hält es niemanden unter Deck, unser Blick geht in die Höhe wie durch einen magischen Zwang: Die Felsen türmen sich immer steiler, dräuender und grotesker, sie wachsen vor dem Bug des flink dahinsausenden Schiffes geradewegs aus der Flut in den Himmel, rücken so nahe an das Ufer, daß sie das stromabwärts gleitende Fahrzeug in ihre Schründe zu klemmen scheinen wie zwischen die Backen eines Schraubstockes. Am Kazan-Paß ist es oft so, daß die gesamte Landschaft vorm Steven zur undurchdringlichen Felsmauer wird, um sich erst im letzten Augenblick — wie auf das alte Zauberwort „Sesam" — zu öffnen.

Römische Frachtschiffe am Kai einer Donaustadt — rechts der Gott Danuvius oder Danubius (s. auch Kapitel auf S. 65)

Welch ein Strom!
Wer die Pußta erlebte, die jugoslawische Voijvodina, die große Walachische Tiefebene, und dann die schimmerig widerspiegelnde Weite der Baragan-Steppe in sich aufnahm — oder, auf dem anderen Ufer, die seidige Farbenpalette der bizarren Dobrudscha . . . wer durch die Wildnis der rumänischen Balta-Urwälder glitt und zuletzt die Landschaft des Deltas durchmessen hat, der versteht die Melodie dieses Stromes.
Wer die ganze Donau sah, dem möchte es kaum noch als Zufall erscheinen, daß gerade an ihren Ufern die Musik von Haydn, Beethoven, Brahms, Schubert, Liszt und Mozart, von Bruckner, Vater und Sohn Strauß, ja Lehár und Bartók entstanden ist und daß dort heute noch die wehmütig heiße Csárdás-Musik der ungarischen Zigeunergeiger ebenso zu Hause ist wie das Quäken des Dudelsackes, die wilden stampfenden Rhythmen der Hora-Tänze und die „schmerzlich-fremd, zerrissen klingenden und klagenden" Volkslieder bulgarischer Mädchenchöre.

Ihre Sagen und Märchen

Gebt mir Märchen und Sagen zum Lesen, denn in ihnen ist der Keim zu allem Schönen, Großen und Guten enthalten." Dieser Ausspruch Schillers auf seinem letzten Krankenlager dürfte auch in unserem Zeitalter noch Gültigkeit haben. Sagen sind Kulturgut und geistiges Erbe, deren Erhaltung sich lohnt.
Der Sagenschatz der Donau ist so unendlich reich, daß es schwerfällt, nur einen kleinen Strauß davon zu pflücken.
Schon die *Donauquelle* ist von Sagen umwoben. Da gibt es eine von ihrem „gestohlenen Namen" und eine andere um das abgezapfte Donauwasser, das sich heute anderen Flüssen zuwendet (s. S. 14). Und es gibt viele Sagen von der schönen *Wasserkönigin Lau*, die sich mal mit den Waldfrauen, dann

wieder mit den Wassermännern, den Nöcks, dem Wichtelvolk, den Elfen, den Windischen und den Nebelgeistern zum Tanze dreht. Ihr Gemahl ist der *Donaukönig Ingold*, der einst das nach ihm benannte Ingolstadt mit kräftigen Armen bis in die Wolken hob, um es vor einem Hochwasser zu bewahren. Als das Heer der Burgunden bei *Regensburg* über die Donau setzten wollte, sollen sich drei Nixen in Schwanfrauen verwandelt und Hagen von Tronje zu warnen versucht haben, daß keiner von den Recken aus dem Hunnenlande zurückkehren werde.
Unterhalb Passau ragt der *Jochenstein* aus dem Wasser, heute durch einen Leitdamm mit der Schleusenausfahrt der Staustufe Jochenstein verbunden. Einst war er ein gefürchtetes Schiffahrtshindernis. Unter dem Jochenstein hatte Frau Isa, das Donauweibchen, ihr Nixenschloß. Wenn Nebel aufkam, lotste sie freundlich den richtigen Weg. In den Mondnächten aber betörte sie die Schiffer mit ihrem Gesang, so daß ihre Fahrzeuge scheiterten und dem Flußkönig nebst seinen Trabanten verfielen. Man sagt darum, daß der Jochenstein „die Lorelei der Donau" gewesen sei.
Um die Ruine *Haichenbach* rankt sich die Sage von der Eisfrau und dem Feuerweibchen. Sie liegt genau auf dem Gipfel jener spitzen Halbinsel, die vom Donaustrom in der großen Schlögener Schlinge umflossen wird. Jedes Schiff fährt darum zweimal daran vorbei. Man nennt die Burg auch das „Kerschbaumerschlößl", weil der Sohn eines dort Beraubten und Ermordeten an einem Kirschbaum zur rächenden Tat emporklettern und in die Burg eindringen konnte. Der Baum war einem Kirschkern entsprungen, dem der gemarterte Vater seine Rache übertragen hatte.
Vom *Faust-Schlößl zu Landshag* berichtet uns die Sage, daß der — im österreichischen Donaulande überall umhergeisternde — Doktor Faustus mit Mephisto dereinst auf einer Reise an diese Stelle kam, müde wurde und sich deshalb flugs von seinem „Knecht" dieses Schloß zum Ausruhen bauen ließ. Es gefiel dem Faust hier eine ganze Weile. Bald mußte Mephisto binnen Sekunden eine Brücke über die Donau bauen, weil Faust nach Aschach hinüberzugehen wünschte. Ein anderes Mal ließ der Magier sich mitten auf der Donau eine Kegelbahn bauen. Als Fausts Zeit abgelaufen war, soll ihn der Leibhaftige aus diesem Schloß geholt haben — und zwar gleich durch die Mauer. Das Loch ist heute noch zu sehen und „läßt sich nicht zumauern".
Auf der *Insel Wörth* am Greiner Struden habe, wie es heißt, einst ein Schiff mit einem hochzeitsreisenden Grafenpaar sein Ende gefunden. Beide Eheleute hielten einander für tot, und sie betrauerten sich zwölf Jahre lang. Der Mann lebte als Eremit auf der Insel weiter, bis eines Tages seine Gemahlin, von Tirol aus, mal wieder auf die Insel kam und ihren Gatten wiederfand.
Ruine Werfenstein: Wenn sich hier der Schwarze Mönch zeigte, dann waren die Schiffe im Struden verloren. Vor der Burg befindet sich der steil übers Wasser ragende, abschüssige *Schusterstein*. Die Sage berichtet von einem Schuster, der zum Trinker geworden war und sich schließlich am Opferstock der Kirche vergriffen hatte. Man verurteilte ihn zum Tode, aber seine Frau flehte um Gnade, zumal um ihrer acht Kinder willen. Daraufhin wurde das Urteil zur Bewährung ausgesetzt. Der Tunichtgut mußte es fertigbringen,

auf diesem halsbrecherischen Felsengrat über der reißenden Donau ein Paar Schuhe anzufertigen. Es soll ihm in seiner Todesangst gelungen sein.
Im *Trackenberg* nahe der Ybbs-Mündung soll Tannhäuser heute sein unterirdisches Quartier haben und erst beim Weltuntergange wieder zum Vorschein kommen.
Die Sage vom *Melker Kreuz* berichtet, daß eines Tages das goldene Kruzifix vom Altar des Benediktiner-Chorherrenstiftes Melk gen Wien entführt worden sei. In einem anderen Kloster wurde es schließlich entdeckt, aber man bestritt das Anrecht des Abtes von Melk auf dieses Kreuz. Dieser rief schließlich Gott an, ein Urteil zu fällen. Daraufhin sei das Kreuz in ein Boot gelegt worden und vor den Augen aller gegen die Strömung nach Melk zurückgeschwommen.
Die *Ruine Aggstein* war Sitz des sagenumwobenen Raubritters Georg Schreck vom Walde, der von seinem „Rosengärtel" aus seinen Gefangenen den Todessprung in die tiefe Felsenschlucht anheimstellte, falls sie etwa dem Verhungern entgehen wollten. Doch einer von den Unglücklichen entkam und beschwor schließlich die Rache des Landesfürsten herauf.
Die *Teufelsmauer* von Schwallenbach ist ein mauerartiger Felsensturz. Ein Ritter von Dürnstein wollte einst mit Teufelshilfe die Burg Aggstein unter Wasser setzen, um das Burgfräulein zu zwingen, doch seine Werbung an Stelle der eines anderen Freiers zu erhören. Aber schon sehr früh krähte ein Hahn und störte den Leibhaftigen bei seiner Arbeit, so daß er dem Hahn voller Zorn einen Pfeil in den Leib schoß. Am Pfarrturm von St. Johann ist deshalb noch heute ein Hahn zu sehen.
Von der *Ruine Dürnstein* geht die Sage, daß dort der treue Sänger Blondel seinen Herrn, den König Richard Löwenherz, nach einer Suche in ganz Europa aufgespürt hat. Der König, der dort 1192/93 tatsächlich der Gefangene Leopolds von Österreich war, habe Blondel an seinem Gesange erkannt und ihm ein Zeichen gegeben. Daraufhin habe Blondel die Befreiung des Königs eingeleitet. Das allerdings ist reine Sage ohne historischen Kern, weil König Richard in Wirklichkeit von Dürnstein aus an Kaiser Heinrich VI. ausgeliefert wurde. Er kam auf die Feste Trifels in der Pfalz und wurde später freigelassen.
Auch die *Ruine Greifenstein* hat ihre Sage: Einst habe dort ein Edelfräulein ihren Jagdknecht insgeheim geliebt und schließlich geheiratet. Danach sei sie mit ihm geflüchtet. Der wütende Vater ließ daraufhin seinen Burgkaplan, der die heimliche Trauung besorgt hatte, ins Verlies werfen. Er selbst starb unversöhnt und muß deshalb so lange umherspuken, bis jener Stein zu Staub zerfallen ist, an dem er sich bei seinem Todes-Fall festhalten wollte. Man bittet daher noch heute alle Besucher der Burg, diesen Stein anzufassen, um seine Abnutzung zu beschleunigen.
Die Sage vom *Wilden Hohenauer* oder vom Schwarzen Schiffszuge spukt im ganzen Donautal zwischen Passau und Wien. Es ist eine Art „Fliegender Holländer". Der Führer eines pferdegetreidelten Schiffszuges habe sich wegen seiner Trunksucht und Händel schuldig gemacht und sei verflucht worden, mit seinen Mannen bis ans Ende aller Tage durchs Donautal zu ziehen. Nachts zwischen zwölf und eins, in den Rauhnächten und bei Sturm halle das Donautal wider von Peitschenhieben und Pferdegetrappel, vom

Schelten, Fluchen und Höllengelächter der schwarzen Schiffsleute bei ihrer wilden Jagd. Viele schöne Sagen ranken sich um die *Stadt Wien*. In einer Kellerschenke am Graben habe einst Dr. Faust den Teufel an die Wand gemalt. Darauf sei der Leibhaftige bitterböse erschienen und wollte die Wand zertrümmern. Beim Zweikampf der beiden hätten ihre Wämser und Mäntel in Flammen gestanden, und Faustus habe den Teufel zuletzt in sein eigenes Konterfei hineingeworfen.

Eine andere, berühmt gewordene Sage Wiens ist die vom *Lieben Augustin*, dem Volkssänger und Sackpfeifer, der im Türkenkriege wacker seine Heimat verteidigt hatte und seitdem zu jedem Liede sein Glaserl trank. Auch bei der großen Pest blieb er unverdrossen und fröhlich, wurde aber eines Tages in seiner Trunkenheit als vermeintliches Pestopfer aufgelesen und mit in die Grube getan, aus der er sich nur mit Mühe wieder befreite.

Auch soll der Zauberdoktor Theophrastus von Hohenheim, genannt *Paracelsus*, in Wien Kupferpfennige in Goldmünzen verwandelt haben.

An der March-Mündung ragt der *Felsen von Theben* (Devin) steil über den Donaustrom, jetzt eine tschechoslowakische Grenz-Bastion. Dort soll die slawische Göttin Dewa einen Tempel gehabt haben. Zum anderen sei in Römer-

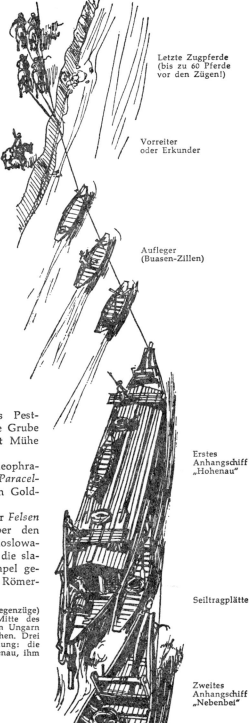

Letzte Zugpferde
(bis zu 60 Pferde
vor den Zügen!)

Vorreiter
oder Erkunder

Aufleger
(Buasen-Zillen)

Erstes
Anhangschiff
„Hohenau"

Seiltragplätte

Zweites
Anhangschiff
„Nebenbei"

So sahen die großen Schiffszüge (Gegenzüge) auf der Donau aus, die bis zur Mitte des 19. Jahrhunderts den Güterverkehr von Ungarn nach Oberösterreich und Bayern versahen. Drei Hauptschiffe des Zuges führten Ladung: die Klobzillen. Das erste Schiff hieß Hohenau, ihm folgten Nebenbei und Schwemmer.

tagen eine Vestalin, eine jungfräuliche Priesterin der Vesta (der Göttin des Herdfeuers) aus dem schräg gegenüberliegenden römischen Carnuntum mit einem schönen Markomannen-Jüngling auf den Felsen geflüchtet, nachdem sie ihr Herz entdeckt und ihr Gelübde gebrochen hatte. Von den Häschern dort schließlich aufgestöbert, stürzte sich das Liebespaar eng umschlungen in die Tiefe.

Ein ganzer Sagenkranz rankt sich um die Gestalt des *Hunnenkönigs Attila*, der in den germanischen Sagen als Etzel weiterlebt. Man weiß, daß Attila seit 444 n. Chr. alleiniger König des mongolischen Nomaden- und Reitervolkes der Hunnen war. Nach Vereinigung aller hunnischen Stämme hatte er einen großen, von der Wolga bis tief nach Deutschland hineinreichenden Völker-Bund von szythischen und germanischen Stämmen gebildet. Der Mittelpunkt dieses Herrschaftsgebietes dürfte die heutige Theißplatte gewesen sein. Niemand weiß bis jetzt, wo sich jene Residenz König Etzels befand — ob bei Visegrad, Peterwardein oder Szeged — in der die Nibelungen ihren Tod gefunden haben. Auch weiß niemand, ob der Leichnam Etzels den Wassern der Theiß oder der Donau übergeben worden ist. Aber die Sage erzählt, er habe in einem goldenen, silbernen und eisernen Sarg gelegen, dem große Mengen Juwelen und andere Kostbarkeiten mitgegeben wurden. Im Ungarland kursiert heute auch noch die Sage von jenem Zauberschwert, das ein Hirt gefunden und Attila, seinem König, vermacht habe. Die Kraft alter Götter habe diesem Schwert innegewohnt und Etzels gewaltige Machtentfaltung bewirkt.

Die *Brautlegende vom Tschörßgraben*, verbreitet im heute jugoslawischen Gebiet von Besdan, befaßt sich mit der auch „Römerschanze" genannten Aufwerfung, die sich von der Donau bis an die Theiß erstreckt. Vermutlich war es ehemals eine als Hochdamm angelegte Straße. Die Sage erzählt aber, der magyarische König Rád habe einst dem Awarenkönig Csörsz seine Tochter nur dann zur Frau geben wollen, wenn dieser sie zu „Wasser heimführen könne". Da baute der Aware den „Kanal", eben den Tschörßgraben. Er starb aber vor dessen Vollendung. So schwebt die trauernde Braut noch heute als Morgengespenst über diesem Lande zwischen Donau und Theiß. Tatsächlich erlebt man hier oft Luftspiegelungen, die einer Fata Morgana nicht unähnlich sind.

Die Sage vom *Felsen Babakaya*, dem Wahrzeichen der beginnenden Kataraktenstrecke: Zwischen Moldova Veche und der Feste Golubac ragt dieser eigenwillig geformte Felsen mitten im Strom auf. Der einst auf der Feste Golubac residierende türkische Aga soll seine Lieblingsfrau zur Strafe für ihre Untreue an diesen Felsen habe schmieden lassen, damit sie dort verhungere. Aber ein vorbeifahrender Ritter soll die Schöne befreit haben und mit ihr entflohen sein.

Im *Lippland der Donau*, der Insel Peuke, dem Delta, wo sich einst — nach der Argonautensage — Jason und Medeas Bruder begegneten und sich die Wogen des Donaustromes mit der Salzflut des Meeres mischen, soll König Ingold unter Wasser einen großen Königshof gehabt haben, wo er mit seinem alten Widersacher, dem Wasserkönig Taurus vom Schwarzen Meer, dereinst Frieden schloß.

Eine wilde und bizzare Schönheit offenbart sich dem Schiffsreisenden zwischen Kloster Weltenburg und Kelheim (Bayern) — im Durchbruch der oberen Donau durch den Fränkischen Jura

2379 Kilometer vom Schwarzen Meer entfernt liegt die uralte Keltenstadt „Ratisbona", das heutige Regensburg – Endpunkt der internationalen Donauschiffahrt. Hafen und „Länden" sind von in- und ausländischen Schiffen überfüllt. Das schöne, mittelalterliche Stadtbild Regensburgs wird von dem doppeltürmigen Dom zu St. Peter überragt.

Wahrhaft unerschöpflich ist der Sagenreichtum des Stromes. Viele Chronisten haben den Versuch gemacht, diese Überlieferungen aufzuzeichnen. So hat Rudolf Baumbach die slowenischen Sagen und Bräuche dichterisch verklärt und Hans Friedrich Blunck hat in dem Buch „Donausagen" den Volksmund des deutschen Sprachkreises in eigenwilliger dichterischer Verknüpfung und Freiheit festgehalten.

Dichter und Schriftsteller

„Da schlugen die Vögel im Walde, und von beiden Seiten klangen die Morgenglocken von fern aus den Dörfern; hoch in der Luft hörte man manchmal die Lerchen dazwischen...
Ich aber jauchzte laut auf, als ich auf einmal wieder die Donau so recht vor mir sah: wir sprangen geschwind auf das Schiff hinauf, der Schiffer gab das Zeichen, und so flogen wir nun im schönsten Morgenglanze zwischen den Bergen und Wiesen hinunter.
Ich hatte mich unterdes ganz vorn auf die Spitze des Schiffes gesetzt, ließ vergnügt meine Beine über dem Wasser herunterbaumeln und blickte, während das Schiff so fortflog und die Wellen unter mir rauschten und schäumten, immerfort in die blaue Ferne, wie da ein Turm und ein Schloß nach dem anderen aus dem Ufergrün hervorkam, wuchs und wuchs und endlich hinter uns wieder verschwand ..."

So lesen wir in der Novelle „Aus dem Leben eines Taugenichts" von Joseph von Eichendorff. Auch dessen erstes Prosawerk, „Ahnung und Gegenwart", beginnt mit der anmutigen Erzählung von einer Donaufahrt, die schließlich durch den Greiner Strudel führt. Im „Witiko" sowie im „Nachsommer" von Adalbert Stifter tauchen ebenfalls feinfühlige Schilderungen der Donaulandschaft auf.
Die älteste Dichtung, die sich mit dem Strome befaßt, ist die „Argonautenfahrt" von Apollonius, dem Rhodier. Sie ist als Sage vom Goldenen Vlies bekannt und von Franz Grillparzer auch dramatisch gestaltet worden.
Vor beinahe dreitausend Jahren fuhren Jason und seine Helden auf ihrem Schiffe „Argo" nach Kolchis am Schwarzen Meer, um von dort aus das Goldene Vlies jenes Widders, auf dem Phrixus und Helle entflohen waren, nach Griechenland zurückzuholen. Vom „Pontos euxeinos", vom Schwarzen Meer aus, fuhren die Argonauten den Istros oder Ister hinauf, dem später Friedrich Hölderlin eine seiner beiden lyrischen Donau-Fragmente gewidmet hat. Der Ister ist die untere Donau. Die in der Sage erwähnte Insel Peuke dürfte nichts anderes sein als das allseitig vom Wasser umschlossene Donaudelta. Mutmaßlich führte die Argonautenreise damals weit donauaufwärts — bis zur Save, vielleicht sogar diese hinauf. Am Steuerruder saß „Ankäos, des Poseidon Sohn".
Eine zweite große Sage vom Donaustrom ist das größte Epos, das außer Homers „Ilias" und „Odyssee" je der Menschheit geschenkt wurde. Es ist das Nibelungenlied. Dieser gewaltige Sang von Schuld und Strafe, Treue und Tragik, Liebe und Tod wurde gewoben aus alten Volkssagen vom Frankenland und aus Niederdeutschland.
In der Hofbibliothek des Fürsten zu Fürstenberg in Donaueschingen befinden sich die Pergamente der umfangreichen Handschrift dieser Dichtung. Sie stammen aus dem Jahre 1203, und zwar aus der Feder eines Mönches.

Es wird aber berichtet, daß schon zuvor, im 10. Jahrhundert, der Bischof Pilgrim in Passau von dieser Sage eine lateinische Niederschrift angefertigt hat. Niemand weiß bis heute, was daran eigene Dichtung und was Volksmund-Aufzeichnung gewesen ist. Auf jeden Fall wurde diese lateinische Urschrift Hauptquelle des späteren Nibelungenliedes, wie es uns heute in seinem klangvollen Mittelhochdeutsch überliefert ist. Der Zug der ostgermanischen Burgunden oder Nibelungen, vom Rhein ins Hunnenland, führte donauabwärts. Viele bekannte Städte des Stromes werden in dem Epos erwähnt: Eferding, Pöchlarn, Mautern, Tulln ... So war das heutige Pöchlarn jenes „Bechelaren" der Nibelungen, in dem die Burg des Markgrafen Rüdiger stand, neben der die 12 000 Vasallen und Knechte König Gunthers gelagert hatten. Die Liebe Giselhers zu Rüdigers Tochter wurde im Nibelungenlied in den zartesten Farben geschildert.

Auch das „Waltharilied", von Ekkehard I., besingt stellenweise die Donau.

In neuerer Zeit hat Nikolaus Lenau der Pußta-Landschaft, jenem Alföld zwischen Donau und Theiß — von dem auch Stifter erzählte — feurigschwermütige Balladen gewidmet:

> In dem Lande der Magyaren,
> wo der Bodrog klare Wellen
> mit der Tissa grünen, klaren,
> freudig rauschend sich gesellen,
> wo auf sommerfrohen Hängen
> die Tokayertraube lacht ...

Es seien auch der kroatische Lyriker Peter von Preradovic, der slowenische Dichter Franz Presirn, der ungarische Epiker Johann Arany, die Königin Elisabeth von Rumänien (sie dichtete unter dem Pseudonym Carmen Sylva) und der bulgarische Dichter und Lyriker N. W. Rakitin erwähnt. Sie alle haben den Donaustrom in ihre Dichtungen einbezogen.

Sprachlich schöne Prosa-Schilderungen haben uns Ernst Moritz Arndt, Hellmuth von Moltke, Ritter Prokesch von Osten, Kronprinz Rudolf von Habsburg, Alexander von Warberg, Fallmerayer, von Kacsinczy, Friedrich Nicolai, der Engländer Quin und der berühmte, in diesem Buch nochmals erwähnte ungarische Graf Széchényi hinterlassen. Die Bücher des Engländers und des Ungarn sprühen von feinsinnigem, trockenem Humor. Sogar der dänischen Märchendichter Hans Christian Andersen und der englische Schauer-Romancier William Harrison Ainsworth haben die Donau bereist und in drolligen Notizen geschildert.

Sehr umfangreiche, sorgfältig verfaßte Sachbücher über die Donau stammen von Penck, Lorenz-Liburnau, von Schweiger-Lerchenfeld („Die Donau als Völkerweg, Schiffahrtsstraße und Reiseroute"), Heiderich, R. Peters („Die Donau und ihr Gebiet"), Suppan, Hajnal („The Danube") sowie W. Götz („Das Donaugebiet").

Den wohl ersten international bekannten Donau-Reiseführer hat Johann Hehl verfaßt. Er wurde 1836 in Wien herausgegeben, unter dem Titel „Begleiter auf der Donaufahrt von Wien zum Schwarzen Meer". Vor 1939 der letzte Reiseführer für den gesamten Strom war das 1935 von der Ersten Donau-Dampfschiffahrts-Gesellschaft in Wien herausgegebene „Handbuch für

Donaureisen". Ein gleichnamiger, moderner Nachfolger schildert heute exakt die gesamte obere Donau, von Passau bis nach Hainburg. Dieses Buch ist an Bord der DDG-Personenschiffe erhältlich.
Doch kehren wir zurück zur Belletristik. Sogar Jules Verne hat einen seiner utopischen Romane dem Strome gewidmet: „Der Pilot auf der Donau".
Auch der amerikanische Dichter Algernon Blackwood mit seinen „The Willows" und der Ungar Maurus Jókai mit „Ein Goldmensch" haben unserer Donau Denkmäler gesetzt.
Karl Bienenstein mit seinen Romanen „Der Admiral auf der Donau" und „Im Schiffmeisterhause", Max Eyth mit seinem „Schneider von Ulm" sowie Adam Müller-Guttenbrunn im Roman „Der große Schwabenzug" befassen sich mit dem Strom und seiner Schiffahrt. Erwähnenswerte Donauromane sind außerdem: „Und der Strom fließt . . ." von Gert Luithlen, „Donauschiffer" von Franz Xaver Dworschak, „Der Sohn des Stromes" und „Sie haben uns alle verlassen" von Adelbert Muhr, der auch die „Theiß-Rapsodie" verfaßt hat. In neuester Zeit erschien — neben Muhrs Werken — „Der letzte Hohenauer", für den Johann Bauk 1951 den Adalbert-Stifter-Preis erhalten hat. Dieser Roman führt noch einmal in die ausklingende, große Zeit der Ruderschiffahrt und der Treidel-Schiffszüge zurück.
Erwähnt werden muß außerdem ein prachtvolles zweibändiges Werk, das seinem Verfasser Ernst Neweklowsky die Ehrendoktorwürde eingebracht hat: „Die Schiffahrt und Flößerei auf der oberen Donau". Dieses wissenschaftliche Werk befaßt sich in gut lesbarer Form mit der Geschichte und Technik der Donau-Schiffahrt, ihrem Brauchtum, ihren Menschen und ihrer Sprache, aber auch mit dem oberen Teil des Stromes selbst.
Längst nicht alle, die den Donaustrom besungen und beschrieben haben, konnten in diesem kurzen Kapitel Erwähnung finden. Aber es soll damit angedeutet sein, wie stark die Königin der europäischen Ströme die Geister beschäftigt hat und Dichter in ihren Bann zog.

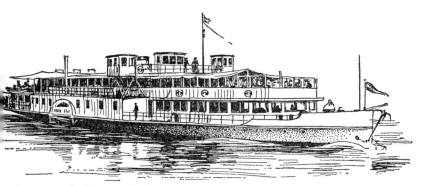

Die österreichischen Dieselelektro-Fahrgastschiffe (Radschiffe) „Stadt Wien" und „Stadt Passau", eingesetzt im Schnelldienst Passau—Wien, können 1400 Passagiere befördern. Sie haben eine Länge von 77,7 m und eine Breite von 16,2 m. Zwei Achtzylinder-Viertaktmotoren erzeugen eine Maschinenleistung von 920 PS. Die Geschwindigkeit beträgt 23 km/h. Die Schiffe gehören der DDSG/Donau-Dampfschiffahrts-Gesellschaft Wien.

Einem weniger bekannten Poeten aber, Karl Beck, wurde die Ehre zuteil, mit einem Donau-Gedicht die ganze Welt erobert zu haben. Johann Strauß-Sohn hat es seinem ersten Gesangswalzer zugrunde gelegt, der 1867 vom Wiener Männergesangverein uraufgeführt wurde: „An der schönen blauen Donau". Dieses Lied bekam wahrhaftig Flügel und wurde zur ewig jungen Hymne dieses großen Stromes.

*Brigach und Breg
bringen die Donau zuweg.*

Alter Schüler-Merkvers

Des Stromes Ursprung

Im Fürstenbergischen Schloßpark zu Donaueschingen entspringt ein steingefaßter, klarer Bergquell, der tagtäglich von zahlreichen Touristen bewundert wird. Ausdrücklich weist eine Marmortafel diesen Brunnen als „Donauquelle" aus. Die Meißelinschrift besagt: Über dem Meer 678 Meter, bis zum Meer 2840 Kilometer". Über dem Quell befindet sich eine Reliefgruppe des Bildhauers Heer. Eine marmorne Frauengestalt weist mit der ausgestreckten Rechten einem zu ihrer Linken stehenden Mädchen die östliche Himmelsrichtung. Diese Frau ist Mutter Baar, Symbolgestalt für die klimatisch rauhe, gleichnamige Hochebene am Südostrande des Schwarzwaldes — Gebiet der Fürsten von Fürstenberg. Das Mädchen stellt die junge Donau dar.

Aber die angebliche Donauquelle des Bassins ist nur eine Nebenquelle, deren Wasser nach etwa 100 Metern unterirdischen Laufes in das 42,6 km lange Flüßchen Brigach mündet. Und etwa 20 Minuten Fußweg flußabwärts von diesem Punkt fließt die Brigach mit der 48,5 km langen Breg zusammen.

Das längere der beiden Flüßchen ist also die Breg — und ihre Quelle somit die eigentliche Urquelle des gewaltigen Donaustromes. An ihrer Lage haben schon Herodot und Aristoteles vor 2 500 Jahren vergeblich herumgerätselt. Erst 1955 hat der süddeutsche Arzt und Amateurforscher Dr. Öhrlein diese Bregquelle wirklich entdeckt — im wegelosen Dickicht des Briglirains bei Furtwangen (Schwarzwald). Der Entdecker ließ die Quelle einfassen, die sich in 1078 Metern Höhe über dem Meere und 2888 Kilometer von der Donaumündung entfernt befindet.

Die auf der wiesenreichen Hochebene Baar vereinigten Wasser der Brigach und Breg durchbrechen als junge Donau schließlich den aus dem Rheintal aufsteigenden Schwäbischen Jura. Bei seinem Jura-Eintritt nahe Immendingen ist der Fluß plötzlich nur noch ein kümmerliches Rinnsal, weil das Wasser durch die Spalten des rissigen Jura-Kalksteins der Flußsohle in unterirdische Kanäle sickert, die nach Süden in den Hegau abziehen. Im Aachtopf kommen sie als starke Quellen wieder zum Vorschein! Die Aach aber fließt in den Untersee und damit in den Rhein.

Aber die auf Grund ihrer „Beraubung" so wasserarme obere Donau ist dennoch idyllisch. In etwa 120 scharfen Schlingen oder Mäandern bahnt sie

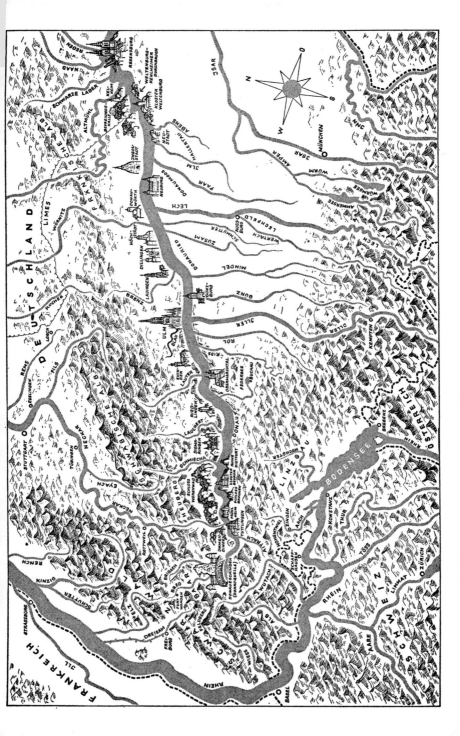

sich ihren Weg, fließt bei Tuttlingen an der Humburg vorbei, am berühmten Benediktinerkloster Beuron und bald an den Schlössern Wildenstein und Werenwag. Am Ende des Donaudurchbruches durch die Schwäbische Alb liegt das Schloß Sigmaringen — Stammschloß der Hohenzollern. Wo Blau und Iller in die bereits stattliche Donau münden, liegt die einstige Freie Reichsstadt Ulm. Von hier aus ist die Donau bedingt schiffbar, regulär befahren wird sie erst ab Regensburg.
Doch bis dahin ist es noch ein Weg von mehr als zweihundert Kilometern — vorbeiführend an liebenswerten Städtchen und Städten wie Dillingen, Höchstädt, Donauwörth, Neuburg, Ingolstadt und Neustadt, vorbei auch am Donauried und dem Donaumoos — den moorigen Wüsten von einst, die heute weitgehend in Kultur genommen sind. Dann aber kommt schon das erste Fortissimo der Donau: Der Juradurchbruch zwischen Kloster Weltenburg und Kelheim kann mit dem Kazan-Paß verglichen werden, nur sind dessen Felswände nicht von einem derart strahlenden, kreidigen Weiß wie hier. Zu Füßen der weit übers Land ragenden Befreiungshalle bei Kelheim rinnt die Donau vorüber an den verfallenen, toten Schleusen des alten Ludwigskanals, der bis 1945 Main und Donau für gelegentlichen Schiffsverkehr verband. An dieser Stelle aber werden sich nach Plan im Jahre 1981 die Schleusen der längst im Bau befindlichen Großschiffahrtsstraße vom Rhein zur Donau öffnen. Das dumpfe Bullern unzähliger Diesel von großen Rheinschiffen wird dann das bislang so verträumte Donautal auch zwischen Kelheim und Regensburg erfüllen (siehe gegenüberstehende Karte).

„Reiseziel" Schwarzes Meer

Nach dem Überqueren der rumänischen Staatsgrenze fließt die untere Donau direkt auf Constanza zu und nähert sich bei Cernavoda dem Schwarzen Meer bis auf 60 Kilometer. Dort aber wird sie durch den Gebirgszug der Dobrudscha noch einmal 150 Kilometer weit nach Norden abgelenkt. Zwischen der Baragan-Steppe und der Dobrudscha durchfließt der Strom den breiten amphibischen Gürtel der „Baltas". Bei Hochwasser kann er mit seinen zahlreichen Nebenarmen bis zu 20 Kilometer breit werden! Eine großartige Ur-Landschaft bietet sich dem Auge des Reisenden. Die unregulierten Balta-Lagunen sind ein Jagd- und Fischereiparadies mit bereits subtropischem Einschlag. Man hat stellenweise wirklich den Eindruck, durch eine „Amazonas-Landschaft" zu reisen.
Erst bei Galatz in Rumänien ändert die Donau ihren Lauf wieder nach Osten. Am sogenannten Kap Tchatal Ismail, in der Nähe der 63 km vom Meer entfernten rumänischen Stadt Tulcea, beginnt das 4 300 qkm große subtropische Donaudelta. Hier zweigen der Kilia- und der Tulcea-Arm auseinander. Dicht bei Kap Tchatal St. George teilt sich der Tulcea-Arm seinerseits in den südlichen, weniger bedeutenden St.-Georgs-Arm und den zur Großschiffahrtsstraße ausgebauten kanalartigen Sulina-Arm von durchschnittlich nur 150 m Breite, der bei der auf Pfahlrosten künstlich begründeten Stadt Sulina das Schwarze Meer erreicht. Dieser Sulina-Kanal wird durch ständiges Ausbaggern tief gehalten. Jedes Jahr müssen 700 000 Kubikmeter Anlandungen weggebaggert werden!

DDSG-Motorfahrgastschiff „Theodor Körner" – für Fahrten bis zum Eisernen Tor und Schwarzen Meer – In der Schleusenkammer der Staustufe Ybbs-Persenbeug (Stromkilometer 2060). Im Hintergrund, auf dem Felssockel, die Burg Persenbeug.

Wie ein Burgschloß ragt der gewaltige, 1200-fenstrige Barockbau des Chorherrenstiftes Melk, sozusagen am Eingang zur Wachau, nahe der Donau empor. Dieses architektonische Meisterwerk Jakob Prandauers wurde 1738 vollendet.

Dennoch wird die von einigen Hydrographen vertretene Auffassung als unglaubhaft angesehen, daß in geologisch absehbarer Zeit — d. h. in Jahrmillionen — Donau, Dnjestr und Dnjepr ein gemeinsames Delta bilden werden und daß weite Teile des Schwarzen Meeres dann verlandet sind. Immerhin beträgt die mittlere Tiefe des Schwarzen Meeres doch 1158 Meter!
Das Donaudelta hat eine augenblickliche West-Ost-Breite von 65 km. Seine Außenarme liegen in Nord-Süd-Richtung 96 km weit auseinander. Das Delta gehört zu den fremdartigsten Landschaften Europas. Es hat afrikanische Fauna (s. S. 62 ff.) und Flora. Es ist vorwiegend ebene, sumpfige, schilfbedeckte Fläche mit zahlreichen Seen und Tümpeln, die bei Hochwasser größtenteils völlig überschwemmt wird. Nur die höchstgelegenen Punkte ragen inselartig über den Wasserspiegel empor. Das sind, abgesehen von künstlichen Aufwerfungen, die Sanddünen, die sich in einer bogenförmigen Zone von der Südspitze des Kilia-Armes an auf 80 km südwärts erstrecken. Diese Erhöhungen tragen den Leti-Wald. Zwischen dem Sulina- und dem St.-Georgs-Arm liegt der ebenfalls von Dünen getragene Kara-Orman-Wald. Auch wird die St.-Georgs-Mündung 18 km weit von Dünen begleitet. Die Hochwasser setzen Sinkstoffe auf den übrigen Teilen der Delta-Landschaft ab und bedecken sie mit einer Lehmdecke. Stellenweise wird das Delta landwirtschaftlich genutzt. Haupterwerb der verhältnismäßig geringen Einwohnerschaft sind jedoch Fischerei, Jagd und Schilfernte. Das Schilf ist vor allem für die Zelluloseherstellung begehrt.
Der 98 km lange (nördliche) Kilia-Arm ist der wasserreichste Mündungs-Hauptzweig, denn er nimmt 66 Prozent der Gesamtwassermenge auf, der 121 km lange (südliche) St.-Georgs-Arm 28 Prozent (er entwickelt seinerseits ein Subdelta von fünf einzelnen Mündungen) und der 101 km lange, völlig unverästelte, weil künstlich begradigte Sulina-Arm nur 6 Prozent. Gerade w e i l er der wasserärmste ist, hat man ihn zum Seeschiffahrtsweg ausgebaut. Denn mit der geringeren Wassermenge werden auch entsprechend weniger Sedimente (Sinkstoffe) und Ablagerungen durch ihn hindurchgespült. Die erwähnten 700 000 Kubikmeter jährlicher Ausbaggerung sind mit weitem Abstand das kleinste Übel. Mit ihrer Hilfe läßt sich der Sulina-Kanal jedenfalls auf seiner heutigen Fahrwassertiefe von 7,5 Metern halten.

Donaulauf und Wasserführung

Die Donau ist als einziger Strom Europas in umgekehrter Richtung — also n i c h t stromabwärts — kilometriert: Die Kilometermarke Null befindet sich auf der Mole von Sulina, also neben der Mündung des mittleren der drei Hauptarme des Donaudeltas. Von Sulina bis nach Galatz erfolgt die Zählung der Entfernungen gemäß Ufermarkierung in Seemeilen, von Galatz an stromaufwärts in Kilometern. Galatz liegt bei Stromkilometer 150 und damit 81 Meilen von der Sulina-Mündung entfernt. Die internationale Donau-Frachtschiffahrt endet in Regensburg, in der Nähe des Stromkilometers 2379. Bis hinauf nach Ulm (Stromkilometer 2588) ist der Strom vorerst nur bedingt schiffbar, wird aber meist nur streckenweise, von lokalen Fahrgastlinien, im Fährverkehr und von Strombaufahrzeugen befahren.

Entsprechend ihren physio-geographischen und geologischen Verhältnissen werden drei große Hauptabschnitte des Donaustromes unterschieden:

Untere Donau	= Vom Schwarzen Meer bis zum Ausgang des Eisernen Tores (Stromkilometer 944).
Mittlere Donau	= Vom Eisernen Tor bis zur March-Mündung bei Theben/Devin (österreichisch-tschechoslowakische Grenze) (Stromkilometer 1880).
Obere Donau	= Von der March-Mündung bis zum Quellgebiet.

Noch ist die Donau ein natürliches, frei fließendes Gewässer — bis auf die Strecke Vilsmündung — Strudengau und die Kataraktenstrecke. Dort befinden sich hintereinander die Staustufen „Kachlet" oder „Vilshofener Kachlet" (km 2230), die deutsch-österreichische Staustufe Jochenstein (km 2203, an der Landesgrenze), sowie die österreichischen Staustufen Aschacher Kachlet (km 2163), Ottensheim-Wilhering (km 2145,5), Wallsee-Mitterkirchen (km 2060) und Ybbs-Persenbeug (km 2060).

Insgesamt sind auf österreichischem Gebiet 14 Staustufen mit jeweils dazugehörigem Wasserkraftwerk und mit Doppelschleuse geplant, die einen Höhenfall von zusammen 131 Metern ergeben (s. S. 24). Die Gesamtausbeute an elektrischer Energie dürfte zuletzt 14,46 Milliarden kWh betragen!

Außer den schon fertigen Staustufen Jochenstein, Aschach, Wallsee und Ybbs-Persenbeug waren 1975 in Bau Abwinden-Asten (km 2113,8 — bei Mauthausen) und Altenwörth (km 1985,0). Außerdem sind vorgesehen:

Melk	(km 2034,7)	Wien-Winterhafen	(km 1921,0)
Rossatz	(km 2010,2)	Regelsbrunn	(km 1890,0)
Greifenstein	(km 1943,7)	Wolfsthal	(km 1872,7)

Über die Staustufe Wolfsthal (s. S. 24) wurde mehrfach mit der tschechoslowakischen Regierung verhandelt, da diese ihrerseits eine solche unterhalb von Preßburg bauen will.

Staustufen dienen nicht allein der Kraftstromgewinnung, sondern sie sind ein wesentlicher Bestandteil der Stromregulierung und „Kanalisierung". Sie verbessern den Wasserhaushalt und die Schiffbarkeit (2,00 m Mindesttiefe). Auch Ungarn plant den Bau einiger Staustufen, um vor allem die berüchtigten Flachwasserstellen der Furten ober- und unterhalb Gönyü zu überstauen. Damit wird die Donau vermutlich bis hinauf nach Preßburg und Wien (1919 km) für Seeschiffe befahrbar. Bislang endet der regelmäßige Donau-Seeverkehr mit Schiffen bis 3 000 Tragfähigkeitstonnen im Hafen von Budapest (km 1639). (Einzelheiten über das Stauwerk am Eisernen Tor s. S. 38—43). Durch ihre Länge von 2850 km ist die Donau nächst der Wolga (3895 km) der zweitgrößte, zugleich aber w a s s e r r e i c h s t e Fluß Europas. Das Einzugsgebiet der Donau umfaßt ein Areal von 817 000 Quadratkilometern. Im Westen reicht dieses an die Wasserscheide des Rheines heran, im Norden ist es dem Stromgebiet der Elbe, Oder und Weichsel, im Nordosten mit dem des Dnjestr benachbart, im Süden mit dem Adriatischen Meer. Der Strom nimmt zahlreiche Nebenflüsse auf, die aus völlig verschiedenen klimatischen Regionen stammen. Teils sind es gletschergespeiste Hochgebirgs-, teils Voralpen- und teils Mittelgebirgsflüsse. Insgesamt handelt es sich um etwa 120, von denen nicht weniger als 34 s c h i f f b a r sind. Einige dieser Nebenflüsse seien aufgezählt.

Linkes Ufer: (Deutschland): Schmiecha, Lauchert, Lauter, Brenz, Wörnitz, Altmühl, Schwarze Laber, Naab, Regen, Ilz, (Österreich): Große Mühl, Rodl, Aist, Naarn, Krems, Kamp, Schmida, Göllersbach, Rußbach, March, (CSSR): Waag, Neutra, Gran, Eipel, (Jugoslawien): Theiß, Temes, (Rumänien): Schyl, Alt, Ardschisch, Jalomitza, Sereth, Pruth.

Rechtes Ufer: (Deutschland): Eitrach, Riß, Rol, Iller, Günz, Mindel, Zusam, Schmutter, Lech, Paar, Ilm, Abens, Gr. Laber, Kl. Laber, Isar, Vils, Inn, (Österreich): Traun, Enns, Ybbs, Traisen, Wien, Schwechat, (Ungarn): Leitha, Rabnitz, Raab, Kapos, (Jugoslawien): Drau, Save, Morava, Timok, (Bulgarien): Lom, Isker, Osma, Jantra, Lom.

Die Flüsse des rechten Ufers führen die größere Wassermenge zu, nämlich 66 Prozent, die des linken nur 34 Prozent. Das ist klimatisch bedingt. Aber es ist um so bemerkenswerter, als sich dennoch immerhin 56 Prozent vom gesamten Einzugsgebiet der Donau auf dem linken Ufer befinden!

Jeder der drei Donau-Nebenflüsse Drau, Theiß und Save führt der Donau mehr Wasser zu als die Elbe oberhalb von Hamburg aufweisen kann. Die Save ist an ihrer Mündung sogar zweimal so wasserreich wie die Elbe an der genannten Stelle.

Erst bei Budapest ist die Donau so breit wie der Rhein bei Mainz, aber ihre Wassermenge ist dort schon so groß wie die des Rheins an der holländischen Grenze.

Eigenartig ist, daß die Wasserführung der Donau beim Eisernen Tor genauso groß ist wie an der „Wurzel" des Donaudeltas — wie bei der rund 900 km weiter stromabwärts gelegenen rumänischen Stadt Tulcea. Auf dem ausgedehnten Unterlauf geht durch Verdunstung und Abgabe an „Hinterwasser" (Sümpfe, Lagunen, Limane) dem Strom selbst so viel Wasser wieder verloren, wie ihm durch die unteren Zuflüsse zugeführt worden ist.

Weil das Herkunftsgebiet der oberen Donau-Nebenflüsse in das alpine Hochland hineinragt, machen sich in den Zeiten sommerlicher Trockenheit die Wasserzuschüsse der Gletscher bemerkbar — wenn auch nicht ganz so ausgeprägt wie im Rhein. Außerdem gibt es im oberen Donauraum relativ starke unterirdische Zuflüsse.

Bei niedrigstem Wasserstande werden vor W i e n je Sekunde 245 000, bei Mittelwasser 3,8 Millionen und bei Höchstwasserstand 10,0 Millionen Liter Donauwasser registriert.

An der wasserreichsten Stelle der Donau werden bei normalem Wasserstand 8,5 Millionen Liter pro Sekunde gemessen. Zum Vergleich sei gesagt, daß es sich beim Rhein maximal nur um 2,0 Millionen Liter je Sekunde handelt.

Der Wasserabfluß der Donaumündung beträgt „nur" 6,43 Millionen Liter oder 6430 Kubikmeter je Sekunde, was aber ungefähr 203 Kubik-K i l o - m e t e r n im Jahr entspricht.

Die obere Donau hat — wie alle gletschergespeisten Flüsse — im Frühsommer die größte Wasserführung (Juni) und im Winter die geringste (Dezember—Februar). Auf das normale Mittelwasser im weiteren Verlauf des Sommers folgen im Herbst verhältnismäßig schlechte Wasserstände, die geringsten schließlich im Winter. Mit der Schneeschmelze setzen oft genug gefährliche Hochwasser ein, derer man durch Stromregulierung und -kanali-

 Der Abschnitt von km 1726 bis 1727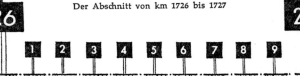

| Kilometer | Kilometer | Die kleinen Tafeln geben |
| 1 bis 999 | ab 1000 | jeweils 100 m an |

Die Stromkilometrierung der Donau

sierung immer besser Herr zu werden versucht. Leider sind diese Frühjahrshochwasser meistens mit heftigen Eisstößen verbunden.

Die durchschnittliche Schiffbarkeit des Donaustromes liegt bei 300 Tagen im Jahr, in kanalisierten Abschnitten bei Eisfreiheit höher.

Der Unterschied zwischen Niedrigwasser und extremen Hochwasserständen betrug, vor Inbetriebnahme der Staustufe Ybbs-Persenbeug, im Greiner Struden 14 Meter (!) — und er beträgt heute noch in der Save bis zu 10 m, im Inn bis zu 9 m und in der Theiß bis zu 8 Meter!

Besonders die Theiß war früher für noch schlimmere Hochwasser berüchtigt, die jedesmal verheerende Überschwemmungen zur Folge hatten. Ihr alljährliches Überschwemmungsgebiet war 11 307 qkm groß — also weitaus größer als etwa die arabische Republik Libanon. Das natürliche hydrographische Bild der Theiß mußte ausgemerzt werden. Bereits im Jahre 1887 waren Deiche in einer Länge von 3460 km vollendet und 17 000 qkm fruchtbaren Ackerlandes damit gewonnen. Bis zum Jahre 1890 waren 112 Flußschlingen mittels Durchstichen von 136 km Gesamtlänge abgeschnitten. Die heutige Länge der Theiß beträgt 977 km — gegenüber den 1429 Kilometern ihres ursprünglichen, wilden Stromlaufes*).

Bei Normalwasser fließt die Donau vor Passau mit einer Geschwindigkeit von 7,2 km/h (2 m/sec), bei Wien mit 9 km/h (2,5 m/sec), zwischen Theben und Gönyü mit 6,5—7,2 km/h, zwischen Gönyü und Bazias mit 3,6—4,3 km/h und im Unterlauf mit durchschnittlich 3,6 km/h (1 m/sec) ab. Das freilich sind grobe Mittelwerte, denn alle Abschnitte der Donau sind in ihrem Gefälle und damit in ihrer Strömungsgeschwindigkeit verschieden. Außerdem erhöht sich die Strömungsgeschwindigkeit mit jedem höheren Wasserstand.

Es wurde schon angedeutet, daß die Donau mehrfach ihren Charakter von dem eines Gebirgsflusses zu dem eines Flachlandstromes wandelt. Doch nicht genug damit: Immer wieder liegen zwischen typischen „Weitungen" ausgesprochene Verengungen, die man auch „Defileen" nennt. Solche Verengungen finden wir bei Tuttlingen und bei Kelheim, zwischen Passau und Aschach, Ottensheim und Linz, im Greiner Struden, in der Wachau, zwischen dem Bisam- und dem Leopoldsberg oberhalb von Wien, in der Ungarischen

---

*) Die regulierte Theiß ist in einer Länge von 350 km, bis hinauf nach Solnok, schiffbar. Sie wird auch von Donauschiffen befahren.

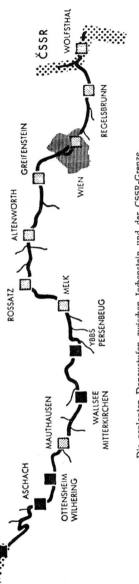

STUFENPLAN DER ÖSTERREICHISCHEN DONAU

Die geplanten Donaustufen zwischen Jochenstein und der ČSSR-Grenze.

Pforte bei Theben/Hainburg, in der Enge bei Visegrad in Ungarn und letztlich im Kazan-Paß der Kataraktenstrecke (s. S. 41).

Ende des vorigen Jahrhunderts hat ein Fachmann, Professor Sueß, die Donau wegen ihres häufigen Wechsels von Engen und Weitungen mit einem S e i l verglichen, „das an mehreren Stellen, in verschiedenen Abständen, fest aufgehängt, zwischen je zwei solchen Aufhängepunkten aber schlaff gelassen ist".

Wie unterschiedlich sich die „straffen" und die „schlaffen" Teile des Stromes auswirken, zeigt noch folgender Vergleich: Die Strömungsgeschwindigkeit, die ja von Bazias (km 1072) bis hinauf nach Gönyü (Ungarn/km 1791) durchschnittlich nur 3,6—4,3 km/h beträgt, wuchs in der Kataraktenstrecke bis zu 7,9 km/h an, obwohl es dort Stellen gab, wo sie sogar nur 2,9 km/h betrug. Sie erreichte vor dem Bau der Staustufe am Felsen G r e b e n und im Kanal von Sip (E i s e r n e r - T o r - K a n a l) Geschwindigkeiten bis zu 18 km/h!

Das durchschnittliche Gefälle der Donau beträgt zwischen Regensburg und Passau 0,25 m je Kilometer, bei Wien 0,40 m je km — auf der Gesamtstrecke Regensburg—Gönyü 0,37 je km. Das Gefälle der unteren Donau ist gering, es wird mit durchschnittlich 5 cm je km beziffert. Im Delta beträgt es gar nur 1 cm je km.

Das absolute Gefälle, der reine Höhenunterschied, zwischen Regensburg und Sulina (also der mittleren Donau-Mündung) beträgt 326,74 Meter. Vom Schwarzen Meer hinauf nach Regensburg „klettert" ein Schiff höher als bis zur Spitze des Pariser Eiffelturmes.

Orsova in der Kataraktenstrecke liegt rund 44 m hoch, Budapest 96 m, Preßburg 130 m, Wien 156 m, Linz 250 m, Passau 288 m, und die Vereinigung von Brigach und Breg zur Donau liegt 678 m hoch über dem Schwarzen Meer.

Kurioserweise erfolgt die Höhenangabe von Donau-Orten nach drei verschiedenen Nullpegeln. Auf der bayerischen Strecke gilt der Amsterdamer Nullpegel N. N. (Normal Null) von 1879. Bis zu den Katarakten wird alles (unterhalb der deutschen Landesgrenze) nach N. N. A. (Normal Null Adria) vermessen und vom Eisernen Tor bis zur Donau-Mündung nach N. N. S. (Normal Null Schwarzes Meer). N. N. von Amsterdam liegt 0,341 m höher als N. N. A. Der Nullpegel der Adria aber liegt wiederum 0,063 m höher als der Null-Horizont des Schwarzen Meeres.

Bei Regensburg (km 2379) erreicht die Donau mit einer geographischen Breite von 49°03' Nord ihren nördlichsten und bei Svistov (Bulgarien) mit 43°38' Nord ihren südlichsten Punkt. Aus dem ersten Kapitel dieses Büchleins wissen wir, daß die Donau auf ihrem Gesamtlaufe 22 Längengrade überquert. Das Quellgebiet liegt im Mittel auf 8,5° östlicher und das Mündungsdelta bei fast 30° östlicher Länge.

Auf der oberen Donau entfallen rund 397 Stromkilometer oder 47 Prozent der befahrbaren Wasserstraße auf Engtäler und 456,5 km = 53 Prozent auf die Ebenen. Auf der mittleren Donau liegen nur noch 207 km = 20 Prozent in Gebirgsdurchbrüchen. Der Rest des Stromlaufes liegt in ebenen Gebieten.

Auf den regulierten Abschnitten ihres Oberlaufes verändert sich die Breite der Donau nur mäßig. Sie liegt zwischen Ulm und Regensburg bei 40 bis 95 Metern, zwischen Regensburg und der Ungarischen Pforte bei 130 bis 300 Metern*) und unterhalb von Theben (bis zur Kataraktenstrecke) zwischen 300 und 420 Metern. Im Abschnitt Turnu Severin-Harsova (Rumänien) beträgt sie im Durchschnitt 1500—1800 Meter, wächst aber bei Svistov und Silistra erheblich darüber hinaus (3500 Meter und mehr). Unterhalb Harsova werden die einzelnen Arme der verästelten Donau auf je rund 500 m eingeengt, doch zweigen diese Arme in den Sumpflandschaften der rumänischen Baltas bis zu 20 km weit auseinander. Sie sind durch zahlreiche Lagunen miteinander verbunden, und bei Hochwasser wird das gesamte Balta-Gebiet, wie schon gesagt, praktisch zu e i n e m Strom von 20 km Breite.

Zwischen Braila und Galatz (Rumänien) erweitert sich der Hauptarm wieder auf 900—1200 Meter**). Überdies liegen unterhalb von Oltenitza (Rumänien) zahlreiche „Ezeruls" und „Lacus" direkt neben dem linken Ufer der Donau. Diese teilweise beträchtlich großen Seen ergeben auf Karte und Luftbild den Eindruck von großen Ausbuchtungen des Stromes. Es handelt sich aber nicht um Altwässer, also abgeschnittene Donauarme, sondern um quellengespeiste, selbständige Gewässer.

Das eigentliche Flußtal der Donau hat 5—20 km breite Ebenen zwischen seinen Rändern. Es läuft jedoch auf der Kataraktenstrecke auf 0,6—2,5 Kilometer zusammen. Im Nadelöhr des Kazan-Passes schrumpft das Stromtal gar auf 151 Meter Breite zusammen, ohne allerdings noch Platz für ebene Uferränder zu lassen.

---

*) Nicht eingerechnet die künstliche Verbreiterung im Bereich der Staustufen!
**) Zum Vergleich einige Breitenangaben von Donau-Nebenflüssen: Inn bei Passau = 274 m, March bei Theben = 227 m, Enns an der Mündung = 70 m, Drau bei Osijek = 330 m, Save in Belgrad 650 m, Theiß bei Titel = 232 m.

Etwas über die Strömung

Wie in jedem freiströmenden Fluß sind auch in der Donau die Strömungsverhältnisse recht kompliziert. Einerseits fließt das Wasser keineswegs in der gesamten Strombreite gleich schnell, weil die Bodenreibung, je nach Beschaffenheit der Flußsohle (des Grundes) und nach dem Vorhandensein von Untiefen, überall verschieden ist. Zum anderen verändert jeder Wechsel des Gefälles und der Strombreite ebenfalls die Fließgeschwindigkeit.
Der Hydrograph unterscheidet drei Fließvorgänge: Gleiten, Strömen und Schießen. Beim Gleiten bewegen sich die Wasserteilchen unvermischt, in nebeneinanderliegenden Schichten. Beim Strömen tritt eine turbulente, d. h. wirbelige Bewegung auf, die zur Durchmischung der einzelnen Flüssigkeitsteilchen führt. Beim Schießen ist diese Erscheinung so gesteigert, daß die Wassergeschwindigkeit je Sekunde die doppelte Meterzahl der Wassertiefe erreicht.
In der Längsachse eines Stromes gibt es eine Verbindungslinie derjenigen Stellen mit der größten Strömungsgeschwindigkeit. Diese nennt man den S t r o m s t r i c h. Dieser befindet sich jeweils dort, wo das Flußwasser über die tiefsten Stellen seines Bettes hinwegstreicht. Aber dieser Stromstrich liegt nicht direkt an der Wasseroberfläche, sondern etwas tiefer — dort, wo auch die Reibung der Luftsäule, von oben her, nicht mehr einwirken kann.
Die Wasseroberfläche der Donau ist nie ganz horizontal, sondern bald konkav oder eingefurcht bei Niederwasser, bald konvex hochgewölbt bei Hochwasser. Vor allem machen sich in stärker gekrümmten Stromstrecken — zumal wiederum bei Hochwasser — Aufwölbungen über den Stromstrich bemerkbar, die dem Wasserspiegel im Querschnitt den Charakter einer flachen S-Kurve verleihen. Derartige Schwankungen des Spiegelquerschnittes nennt der Hydrograph „Oszillationen". Für die Donau liegen keine exakten Höchstwerte vor, aber es ist sicher, daß bei hohen Wasserständen der Wasserspiegel in Krümmungen, an seiner höchsten Stelle, gut einen Meter höher liegen kann als an den Ufern!
Neben dem normalen Strömungsabfluß in die Talrichtung (nauwärts) erfolgt an der Oberfläche aller Flüsse auch ein Querstrom von Wasserteilchen, von den Ufern nach der Mitte hin. Sie tauchen dort unter und nähern sich in spiralförmiger Bahn erst der Stromsohle, dann wieder dem Ufer. Diese Spiralströme nennt man an der Donau „Kreisungen". In Strombiegungen, wo infolge der Zentrifugalkraft die größere Wassermenge gegen die konkave Stromseite gedrückt wird, tauchen die Spiralkreisungen an dieser Stromseite unter und an der konvexen Seite wieder auf. Am sogenannten Gleithang treten Anlandungen von Sand und Kies auf. Am Prallhang hingegen wird das Ufer zernagt — besonders stark dort, wo der Stromstrich das Ufer trifft, um von dort zum anderen Ufer hinüberzuprallen. Es läßt sich denken, daß die Zickzackbewegung des Stromstriches das Steuern der Schiffe in starken Strombiegungen erheblich erschwert.
Ufervorsprünge können bewirken, daß sich neben dem Stromstrich regelrechte Gegenströmungen (Kazan-Paß, siehe S. 41) bilden, die als große horizontale Kreisung und Gegenkreisung verlaufen. Kommt es zu plötzlichen Anstauungen durch den Zusammenprall des abgelenkten Stromstriches mit

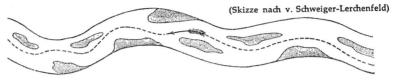

(Skizze nach v. Schweiger-Lerchenfeld)

Stromstrich und Ablagerung („Haufen" s. S. 32)

dem auf der dem Hindernis abgekehrten Seite langsamer talwärts strömenden Wasser — oder zum Zusammenprall der Donauströmung mit den Wassern eines spitzwinklig einmündenden, schneller strömenden Nebenflusses —, dann entsteht ein „Schwall".

Nautisch gefährliche Kreisbewegungen des Wassers sind „Wirbel", die durch kesselartige Vertiefungen der Stromsohle entstehen. Ihre Bewegung erzeugt einen Sog nach der Mitte zu. Die Wirbel sind am Brodeln und Wallen des Wassers erkenntlich. Abrupte Bewegungen der Wasserfläche treten auch dort auf, wo selbst ein einzelner Findling oder ein Wrack Wallungen und Kreisung hervorrufen, die man in solchen Fällen „Bräger" nennt.

Da die Donau auf großen Strecken südwärts fließt, gelangt sie in Breiten von immer größerer Erdumdrehungsgeschwindigkeit. Nach einer Theorie des Petersburger Gelehrten von Baer eilen dadurch ihre Ufer dem Wasser gewissermaßen voraus. Das Wasser drückt dadurch stärker nach Westen. Die stärkere Unterwaschung des westlichen, des rechten Donau-Ufers ist offensichtlich, obwohl auf großen Strecken Südeuropas auch der starke Kossowa-Ostwind (s. S. 35) maßgebliche Mitschuld daran trägt.

Wenig bekannt dürfte die Tatsache sein, daß ein nauwärts treibendes Schiff auch ohne jeden Eigenantrieb schneller ist als das strömende Wasser. Das läßt sich mit der Wirkung der Schwerkraft-Komponente erklären, die bei größeren Flußgefällen wie 1 : 1000 oder ein Promille etwa 1 kg je Tonne ausmacht und tatsächlich als Triebkraft auftritt. Ein treibendes Schiff wird durch seine schnellere Fahrt (Voreilgeschwindigkeit) steuerfähig. Man hat ausgerechnet, daß ein Kleinschiff von 100 t Gewicht und 1,20 m Tiefgang auf der oberen Donau bei einer Strömungsgeschwindigkeit von 2 m/sec eine Eigengeschwindigkeit von 4 m/sec bekommt! Diese Auswirkung der Schwerkraft vermehrt sich bei allen Schiffen in der Bergfahrt den Schiffswiderstand, so daß also nicht nur Reibung und Druck der gegenlaufenden Strömung zu überwinden sind.

Im Sommer fließt die Donau schneller als im Winter. Die Beweglichkeit oder das Fließvermögen des Wassers erhöht sich bei einer Erwärmung von 10^0 C auf 30^0 C rund aufs Anderthalbfache. Infolgedessen nimmt in einer ähnlichen Temperaturvermehrungsspanne, nämlich bei einem Temperaturanstieg von $+ 2^0$ C auf $+ 25^0$ C exakt gemessen — auch der Geschiebetransport des Donauwassers um ein Viertel zu.

Es liegt auf der Hand, daß in den Gebirgsstrecken und Defileen der Donau die Fließvorgänge Strömen und Schießen überwiegen, während in den Ebenen das Gleiten des Donauwassers charakteristisch ist. In der Ungarischen Tiefebene, vor allem aber in ihrem Unterlauf macht die Donau —

Alexander von Humboldt zählte die alte Barock- und Bischofsstadt Passau zu den „sieben schönsten Städten der Erde". In dieser „Dreiflüssestadt" münden die Ilz (Vordergrund) und der Inn (hinter der baumbestandenen Landzunge, rechts im Hintergrund) in die Donau. Überragt wird die Ilzmündung vom Schloß Niederhaus und von der im Bilde nicht sichtbaren Bischofsfeste Oberhaus.

Blick auf Dürnstein in der Wachau, überragt von der Ruine jener gleichnamigen Burg, in der Richard Löwenherz 1193 gefangen saß. Vor der malerischen Uferkulisse ein modernes Motorgüterschiff, das auch als Mutterschiff eines Schubkoppelverbandes fungieren kann. Am Vorsteven sind die Schubschultern erkennbar.

zumal in großen Weitungen — den Eindruck eines großen Sees mit stillstehendem Wasser. Oft ist die Oberfläche so spiegelglatt und schlierenfrei, daß die Bewegung des Wassers eigentlich nur durch treibende Gegenstände wahrnehmbar wird.

Die Donau zerstört und baut

Bei jedem Fluß ist im Oberlauf ein Steilgefälle, in der Mitte eine parabelförmige Abflachung mit geringem Gefälle und im Unterlauf ein Übergang in die Horizontale zu beobachten. Die Donau hat die schon erwähnte Eigenart, daß sich diese Dreiteilung auf ihrem Gesamtlaufe — wenn auch in anderen Maßstäben — mehrmals wiederholt. Ganz ausgeprägt ist der Übergang vom Gebirgs- zum Flachlandstrom in Deutschland, Österreich, in Ungarn (unterhalb Visegrad) und in Rumänien-Bulgarien (unterhalb des Eisernen Tores) zu beobachten.

Vorwiegend durch physikalische Ausnagung, teilweise aber auch durch chemische Einwirkungen, schneidet sich der Fluß auf allen Gebirgsstrecken immer tiefer in seinen Untergrund ein, er „erodiert". Anschließend transportiert er die abgetrennten Gesteinsmassen fort. Er rollt sie stromabwärts, schleift sie dabei immer kleiner — zu Kies oder „Grieß" und schließlich zu Sand. Im Flachlande, vor allem in ihrem Unterlaufe und vor ihren Mündungsarmen, lagert die Donau diesen Sand als „Sedimente" ab und erhöht dadurch allmählich ihre Stromsohle, allerdings auch das regelmäßig überschwemmte umliegende Land. (Schlammschicht im Delta!) Der fruchtbare Schlamm in den Niederungen Rumäniens besteht vorwiegend aus kleingemahlenem Alpen- und Karpatengestein.

Bei einer Strömungs-Geschwindigkeit von 3 m/sec werden vom Wasser Felsblöcke, bei 2 m/sec immerhin noch Gesteine von Kopfgröße und bei 1,2 m/sec Steine von Hühnereigröße fortbewegt. Die Strömungsgeschwindig-

Die sowjetrussischen Fahrgast-Motorschiffe „Amur" und „Dunaj" haben 1960 den internationalen Schnelldienst Wien—Ismail—Wien eröffnet. Die Schiffe sind 78 m lang und haben komfortable Kabinen für 209 Passagiere. Zwei Klöckner-Humboldt-Deutz-Dieselmotoren verleihen den Schiffen die ungewöhnlich hohe Maschinenleistung von 2400 PS und von 29 km/h Geschwindigkeit. Die neueren Motorschiffe „Wolga" und „Dnjepr" sind größer.

keit kann bei Hochwasser um das Fünf- bis Zehnfache steigen. Mengen und Geschwindigkeit des Wassers bedingen dessen Stoß- und Transportkraft. Nach Hopkins verhalten sich die Stoßkräfte wie die sechste Potenz der Geschwindigkeit!

Da im Oberlauf und auf den Gebirgsstrecken eine fortwährende Erosion, im Unterlauf hingegen eine fortlaufende Ablagerung (Denudation) stattfindet, müßte sich das Donaugefälle im Laufe von Jahrmillionen mehr und mehr nivellieren. Dem steht aber die Tatsache entgegen, daß die Gebirgszüge in einer ständigen, allmählichen Hebung begriffen sind. Geologen haben berechnet, daß infolge der laufenden Erosion das gesamte Donaugebiet binnen 30 000 Jahren um einen Meter abgetragen sein wird.

Bei massenhafter Ablagerung von Geröll auf der Flußsohle spricht man von „Geschiebe". Nach dem Gesetz des geringsten Widerstandes formiert sich das Geschiebe zu stromlinienförmigen Kiesbänken, die pro Jahr einige hundert Meter stromab wandern — doch nicht als Ganzes. Sie sind vielmehr in ständiger Umbildung begriffen. Auf der Bergseite findet ein Abtrieb, auf der Talseite eine Anlandung statt. Dachziegelartig lagern sich die Kiesel vor einer solchen Bank übereinander und bieten dem Ansturm der Strömung den Rücken, bis sie so hoch geworden sind, daß der Wasserdruck sie mit einem Stoß umwirft. Dieses plötzliche Einstürzen und Weiterwandern der Kieshaufen erfolgt bei normalem Wasserstand in der Gegend von Wien etwa alle 20 Minuten, und zwar mit erstaunlicher Gleichmäßigkeit. Mit Unterwasserhorchgeräten wird neuerdings das Kiesgeschiebe ständig erforscht und systematisch überwacht, so daß die Hydrographen und Wasserbauer über die Verhältnisse auf der Stromsohle der Donau genau informiert sind. Aber auch mit bloßem Ohr sind die Geräusche der weiterwandernden Kieshaufen deutlich wahrnehmbar, zumal im unteren Teil der Schiffsrümpfe. „Der Strom singt", sagen die Donauschiffer.

Die Kiesbänke werden in der Donauschiffer-Sprache als „Haufen" bezeichnet. Liegen sie am Rande der Donau, sind es „Ufer-", liegen sie mitten im Strombett, sind es „Mitterhaufen". „Weiße Haufen" liegen trocken, nasse Haufen" bleiben vom Wasser überspült. Sie müssen mit der Sondierstange (Peillatte) vorsichtig gelotet werden. „Getränkte Haufen" sind im allgemeinen ungefährlich. Sie liegen so tief, daß die Schiffe darüber hinweggleiten können.

Um noch einen Begriff von der Menge des Donaugeschiebes zu geben, sei gesagt, daß vor Inbetriebnahme der Staustufe Ybbs-Persenbeug der Strom jährlich 6,5 Millionen Tonnen Geröllteile an Wien vorbeiführte.

Erwähnt sei auch noch, daß die Donauschiffer den markanten Riffen, Gründen und Haufen wohlklingende, altüberlieferte Namen geben, die den Älteren sämtlich geläufig sind. Da gibt es den Steingrieß, den Goldwascherhaufen, das Gänsehäufel, den Schneidergrund, den Fuchsboden, den Herrgottshaufenanschütt, die Dreispitze, den Katzenstein — sie alle besagen, wie eng der Mensch mit dem Strom verwachsen war und welche Rolle das Tagewerk auf dem Strom im Denken der Schiffer spielte. Heute macht der Gebrauch dieser Namen leider mehr und mehr der nüchternen Angabe von Stromkilometern Platz.

Die „weiße Gewalt"

Fast in jedem Winter ist der Donaustrom zugefroren, auch oder gerade im unteren Teil, obwohl der rumänische Stromabschnitt auf der geographischen Breite von Florenz liegt. Aber er liegt den eiskalten Ostwinden aus der russischen Steppe preisgegeben.
Bei der Länge des Stromes ist es natürlich, daß die Vereisung unter verschiedenen Umständen und zu verschiedenen Zeitpunkten eintritt. Auf dem Oberlauf beträgt die Zeitdauer des Gefrorenseins 20—88 Tage, während das Abfließen des Eises gewöhnlich 12—15 Tage anhält. Sehr schlimm ist der Eisgang vor allem auf der bayerischen Donau, ferner auf der Strecke Aschach—Linz sowie zwischen Wien und Budapest, im Raum Komarom. So wurden im Jahre 1956 allein auf dem kurzen Teilstück zwischen Passau und dem Kraftwerk Jochenstein ca. 10 Millionen Tonnen Eis zusammengepreßt!
Das Zufrieren des Stromes erfolgt am ehesten dort, wo er mit anderen Medien in Berührung kommt: Zuerst setzt sich am Ufer — wo die Wassergeschwindigkeit infolge größerer Reibung geringer ist — Ufer- oder Randeis ab, und zwar an der Oberfläche. Schließlich bilden sich auch in der Strömung feine Eisnadeln, die sich miteinander verbinden, zerbrochen werden und sich infolge der sog. Vegetation*) wieder zusammenschließen. Die Donauschiffer nennen den so entstehenden Eisbrei Tost, Schneebutter oder Treibschnee. Durch dessen Aneinandergefrieren entstehen Eisschollen. Ufereis und Tost gefrieren zusammen, wodurch das Ufereis immer weiter auf den Stromstrich zuläuft. Das inzwischen — vornehmlich an vorspringenden Ecken der Flußsohle — entstandene Grundeis ist infolge seiner Lufteinschlüsse spezifisch leichter als Wasser. Es schwimmt im großem Maße zur Oberfläche auf und wird ebenfalls zu Treibeis, das zuletzt mehr und mehr an dem immer breiter werdenden Ufereis und an Hindernissen im Strom festgerät. Das Grundeis gefriert seinerseits mit dem Tost zusammen und wird zu „Standeis". Nachdrängende Eismassen schieben sich schließlich darüber, so daß Packeis oder ein „Eisstoß" entsteht.
Allzuoft werden die Kapitäne auf der mittleren und unteren Donau von der Eisbildung geradezu überrascht. Der russische Wind — als Ausläufer des gefürchteten Buran in Rumänien Krivatz genannt — vermag die Temperaturen von $+10^0$ C übergangslos auf -15^0 C herabzudrücken. Innerhalb von 48 Stunden kann eine hundertprozentige Eisbildung einsetzen und die Donau zum Stehen kommen. Das Thermometer fällt zuletzt bis auf -30^0 oder -40^0 C. Die Donaukapitäne helfen sich, indem sie sich einen Eimer Wasser als „Warnanzeiger" auf die Kommandobrücke stellen. Man streicht darin mit der flachen Hand im Kreise, bis man Eisbohnen fühlt. Je mehr Bohnen, desto früher werden sich Eisschollen auf dem Strome bilden. Das Schiff muß unverzüglich versuchen, einen Winter- oder Nothafen anzusteuern. Draußen auf dem Strom ist es nicht nur der Gefahr des Abtreibens,

---

*) Unter dieser eigenartigen Bezeichnung versteht man das physikalische Phänomen, daß zwei im Wasser schwimmende Eisstücke bei Berührung unter Druck gegeneinander sofort zusammenfrieren, wobei die dazwischen verbleibende dünne Wasserschicht zu Eis wird. Das geschieht auch dann, wenn die umgebende Lufttemperatur einige Grade höher als der Gefrierpunkt liegt.

sondern auch der malmenden Eispressung ausgesetzt. Weil Wasser das einzige aller Medien ist, das sich beim Gefrieren nicht zusammenzieht, sondern ausdehnt, zerbricht ein Schiff im Eis unter Umständen wie eine Nußschale.

Verborgene Schätze

Nach dem Ersten Weltkrieg hat sich der tschechoslowakische Staat im Friedensvertrag mit Ungarn das Eigentumsrecht auf alle in der Donau zwischen March- und Eipelmündung liegenden Schätze gesichert — und nicht von ungefähr!
Tatsächlich sind im Laufe der Geschichte ungeheure Werte im Donaustrom versunken. Man weiß, daß zur Zeit Kaiser Neros zwei Schiffe mit zwei Millionen Goldsesterzien auf der Fahrt von Vindobona nach Aquincum (von Wien nach Budapest) verlorengegangen sind. Kurz darauf überfielen Donaupiraten wiederum zwei Galeeren mit weiteren drei Millionen Goldsesterzien. Sie gingen mitsamt ihrer Beute oberhalb Budapest im Sturm unter. Überhaupt scheint die Donau etwas gegen die Besoldung der römischen Legionen gehabt zu haben, denn im Jahre 13 n. Chr. kenterten bei Wien nochmals zwei Schiffe mit zwei Millionen Sesterzien.
Bekanntlich wurde die Leiche Attilas in einem goldenen, silbernen und eisernen Sarg dem Wasser übergeben. Die Särge enthielten große Mengen von Juwelen und anderen Kostbarkeiten. Die bei dem Begräbnis Beteiligten sollen anschließend getötet worden sein. Man weiß nicht genau, ob dieser Schatz in der Donau oder der Theiß versenkt worden ist. Zur Zeit Maria Theresias hat man jedenfalls monatelang erfolglos in den ausgetrockneten Theiß-Armen nach dem verschollenen Hunnenschatz gesucht.
Auch die Kostbarkeiten und Adels-Schätze der Slawen wurden nach dem Siege des Magyarenherzogs Arpád eine Beute der Wellen. Und im Laufe der Jahrhunderte gingen immer wieder Handelsschiffe mit wertvollsten Frachten unter, vor allem in den Türkenkriegen und zur Zeit der türkischen Herrschaft.
E i n e n Schatz aber enthält die Donau auf ihrer g a n z e n Länge: natürliches Gold. Noch im zweiten Weltkriege wurde am slowakischen Ufer die Gewinnung von Donau-Waschgold industriell betrieben. Freilich war die Ausbeute gering: Durchschnittlich läßt sich aus 40 Zentnern Flußsand e i n Gramm Gold gewinnen.

In früheren Zeiten wurde die Goldwäscherei von Hand recht lebhaft betrieben, auch in den Nebenflüssen. Sie war das Privileg der Landesfürsten, die dieses Recht weiterverliehen. In Ungarn und Rumänien beschäftigten sich — gegen eine entsprechende Steuer — vor allem die Zigeuner mit der Goldwäscherei.
Interessant war das Verfahren der Goldausbeute: Auf einer Art Waschbrett wurde Sand in die oberen Rillen geworfen. Darauf geschüttetes Wasser nahm die leichteren Steine und Erdteilchen mit sich, während der schwerere Goldsand in den Rillen zurückblieb. Er wurde herausgekratzt und mit Quecksilber vermischt. Dadurch löste sich das Goldmetall heraus und verband sich zu einer Amalgamation. Diese dickflüssige Masse wurde durch einen Lederbeutel gepreßt, wodurch das überflüssige Quecksilber zurückgehalten wurde. Der durchgepreßte Brei wurde in einer eisernen Pfanne erhitzt, bis die letzten Quecksilberteilchen verdampften und das reine Gold übrigblieb. Immerhin wurden in Bayern lange Zeit hindurch goldene Flußdukaten hergestellt. Sie trugen die Inschrift „Ex auro Danubii" oder auch „Ex auro Isarae" usw. Die Höchstausbeute betrug 1730 etwa 2000 Goldstücke, die von der kurfürstlichen Münze zu München geprägt wurden. Seit 1880 wurde kein Gold mehr für Münzzwecke gewonnen.
Der bemerkenswerteste Schatz aus handgewaschenem Donaugold dürfte der 16pfündige Altarkelch des Benediktinerstiftes Melk sein.

Während die Bedeutung des Waschgoldes für die heutige Wirtschaft geschwunden ist, wird die Donau als möglicher Lieferant eines anderen, heute ganz wichtigen Rohstoffes interessant: Sie enthält U r a n ! Mikroanalytische Untersuchungen ergaben, daß die Donau im österreichischen Teil einen Urangehalt von 1,7 Mikrogramm pro Liter Donauwasser aufweist. Der Flußsand ist — besonders im Strudengau — so uranreich, daß durch mechanische Schwemmverfahren Urananreicherungen bis über ein Hundertstelprozent erreicht werden können — womit der Donausand der heutigen Grenze einer technischen Aufbereitungswürdigkeit sehr nahe kommt.

Kossowa-Stürme

Eine Eigenart der mittleren, teils auch der unteren Donau ist die „Kossowa" oder „Koschawa". Es sind langandauernde, heftige Südoststürme, die regelmäßig zur Zeit der Tag- und Nachtgleichen (Äquinoktien) auftreten. Ihr Name dürfte von dem einstigen türkischen Wilajet „Kossovo" herrühren. Diese Provinz umfaßte Teile von Altserbien, Albanien und Mazedonien. Besonders im Donau-Theiß-Gebiet hat die Kossowa verheerende Wirkung. Die Frühjahrsstürme treten gerade zur Hochwasserzeit auf. Die aufgepeitschten Wassermassen branden vor allem gegen das rechte Donauufer, wo man nur durch massive Schutzbefestigungen den Ausnagungen und Zerstörungen einigen Einhalt gebieten konnte. Die Herbst-Kossowa, in den Zeiten niedriger Wasserstände auftretend, ist dagegen berüchtigt wegen ihres Sandsturmcharakters. Die ausgedörrten Steppen verursachen solche Staubaufwirbelungen, daß jede Orientierung der Schiffe unmöglich werden kann.

In der Schubschiffahrt werden heute beim Koppeln der Leichter die herkömmlichen Spannschrauben fast ausnahmslos durch Handwinden ersetzt. Auf jedem Leichter sind drei Handwinden montiert: zwei auf dem Heck, eine auf dem Vorschiff. Mit Hilfe dieser Spezialwinden kann man auch ungleichmäßig abgeladene Leichter sowie beladene und leere Leichter in Berg- und Talformation fest miteinander verbinden, was mit Spannschrauben nicht möglich war. Auch zum Verholen der Leichter und zum Festmachen an den Lade- und Löschplätzen sind die Spezialwinden sehr gut geeignet.

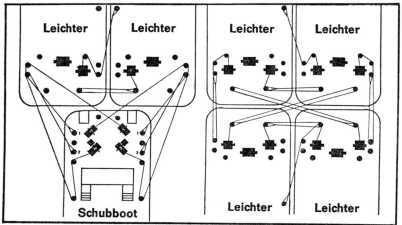

Immer neue Sandmassen werden ins Donaubett geweht, das stellenweise entsprechend versandet und ausgebaggert werden muß. Auch werden an bestimmten Uferpartien solche Sandanhäufungen zusammengetragen, daß sie in früherer Zeit Donau und Theiß abzudrängen vermochten. Die Seitwärts-Wanderschaft der beiden Ströme — nach Westen — wurde außerdem durch die immer weitere Ausnagung des rechten Ufers begünstigt, die Kossowa und Erdumdrehung (s. S. 28) gemeinsam bewirkten. Tiefe Buchten wurden ins rechte Ufer gerissen, neue Flußschlingen bildeten sich, die schließlich wieder durchnagt und abgeschnitten wurden. Der vorwiegend nord-südwärts verlaufenden mittleren Donau und der Theiß fällt die Kossowa jedesmal etwa im Winkel von 45° in die Flanke!
Man führt diese Donauströme auf den Monsun zurück, auf jahreszeitlich auftretende Winde, die durch ungleiche Erwärmung von Meer und Land entstehen und — abgesehen vom großen Monsun des Indischen Ozeans — auch in Gebieten Europas zu beobachten sind — freilich nur als „Singularitäten", d. h. in bestimmten, eng begrenzten Zeitabschnitten und Landschaften immer wiederkehrende Witterungserscheinungen. Allerdings gibt es auch urplötzlich hereinbrechende, heftige Sommer-Kossowas, die vor allem auf der unteren Donau entstehen und meistens nur einige Stunden andauern. Sie werden durch allzu krasse Temperaturunterschiede zwischen dem überwärmten Land und den Wasserflächen verursacht. Eine solche Kossowa kann schon binnen zehn Minuten Windstärken von 9—10 erreichen! Unter dem entstehenden meterhohen Seegang haben besonders die Schleppzüge zu leiden. Havarien und Untergänge von Anhangschiffen kommen immer mal vor, auch werden so manches Mal Kommandobrückenfenster von Zug- und Motorschiffen zertrümmert. (Sommer-Kossowa s. S. 40!)

Der Greiner Struden

Die Staustufe Ybbs-Persenbeug hat eine allgemein bekannte und berüchtigte Gefahrenstelle der oberen Donau endgültig ausgeschaltet. Mit dem Höherlegen des Wasserspiegels, durch den Einstau des Ybbs-Wehres, wurden die Strömungsverhältnisse auf der Strudenstrecke normalisiert. Der Reisende von heute ahnt kaum, welche Anforderungen die Strudenfahrt noch bis zum Jahre 1959 stellte — zumal an die Männer, die dabei die Seilwinden und -klemmen der „Remorköre" zu bedienen hatten. Im Greiner Struden gerieten die Anhänge der Schlepper stark ins Schleudern. Das Abreißen der Schleppseile konnte oft nur durch Auffieren, Nachlassen der Seile — genau im richtigen Moment — verhindert werden. Immer sind noch Unfälle vorgekommen, zumal, wenn eines der Schiffe den Bogen nicht richtig herausbekam und „ländfuhr", d. h. gegen Uferböschung oder Stromsohle stieß. Die anderen Einheiten des „naufahrenden" Schleppzuges mußten dann unrettbar in den Havaristen „hineinrinnen".
Bei ganz niedrigen Wasserständen kam es sogar noch vor, daß „gekranzelt" werden mußte. Leute am Ufer mußten ein starkes Seil von den bergfahrenden Remorköre annehmen und stromaufwärts tragen. Es wurde dann an Pflöcken festgelegt, damit die Dampfer bei ihrem schwierigen Vorwärtsarbeiten vor dem plötzlichen Abtreiben auf die wenigen noch vorhandenen Felsenriffe bei der Insel Wörth bewahrt bleiben.

Die Strudenregulierung von 1777—1792. Arbeitsgerüste mit Hebevorrichtung.
(Nach einem Kupferstiche aus dem Jahre 1781)

Bis 1959 war es üblich, daß auf Remorkören bzw. Güterschiffen mitfahrende Gäste die „Strudentaufe" erhielten. Unversehens bekamen sie einen Eimer Wasser über den Kopf gegossen. Dieser Brauch erinnert noch an alte Opferbräuche in heidnischer Zeit. Die Römer pflegten vor Durchfahrung der Strudenstrecke Münzen in den Fluß zu werfen, um den Stromgott Danubius gnädig zu stimmen. Und bis ins späte Mittelalter hinein wurden im Struden über Bord gefallene Schiffsinsassen auf keinen Fall gerettet. Man rief ihnen sogar zu, sie sollten sich nicht länger wehren. Der Flußgott wolle eben ein Opfer, darum müsse er es auch haben! Bis zur Zeit Maria Theresias — unter deren Regentschaft die ersten primitiven Struden-Regulierungsversuche des 16. Jahrhunderts aktiver fortgesetzt wurden — empfahlen die Reiseführer den Schiffspassagieren offiziell, vor dem Passieren der beiden schlimmsten Stellen — des eigentlichen Strudens oder „Greiner Schwalles" sowie des „Wirbels" — die Augen zu schließen.

Der Ortsname Grein soll angeblich vom Greinen, vom Schreien der verunglückten Schiffer herrühren. (Eine andere Version erklärt ihn allerdings als „Geräune", als Lärm des rauschenden, tosenden Wassers). Auf jeden Fall war es Brauch, daß die frommen Schiffer der damaligen Zeit vor der Naufahrt durch den Struden in der Pfarrkirche zu Grein die heiligen Sakramente empfingen und ihre Angelegenheiten ordneten — so, als ob sie nicht lebend davonkommen würden. Wenn bei der Wirbeldurchfahrung auf den Mauern der Burg Werfenstein oder auf dem — heute nicht mehr vorhandenen — Haustein der „Schwarze Mönch" erschien, dann hatte den Schiffsleuten und Reisenden das letzte Stündlein geschlagen. Am „Freithof" (Friedhof), einer Bucht hinter dem Hasenohreck, steht heute noch eine alte Tafel, deren Inschrift besagt: „Was do hineynfallet, blibbet da unden, und kompt nich wiederumb herfür . . ."

Wirklich sind im Laufe der Jahrhunderte unzählige Schiffe im damals gegenüberliegenden Wirbel gescheitert oder schon am Haustein zerschellt. Vom 12. Jahrhundert bis zum Jahre 1912 hat in St. Nikola (Strudengau) ein besonderes Hospital für lebend davongekommene Struden-Invaliden bestanden.
Viele Schiffe mußten früher vor der Struden-Talfahrt einen Teil ihrer Fracht ableichtern, allzu wertvolle Waren ganz von Bord geben und in Wagen umschlagen, um sie unterhalb der Strudenstrecke wieder an Bord zu nehmen. Diesem Umschlag verdankte die Stadt Grein früher besonderen Wohlstand.
Die Zahl der Riffe im Strom, der bei der Insel Wörth dreiteilt — in Struden, Wildriß und Waldwasser — war groß. Da gab es im eigentlichen Struden das Bomben- und das Wildriß-Gehächel (-Kachlet), die March-, die Meisen- und die Wolfskugel sowie das Roß, im stromabwärts folgenden Wirbel den besagten Haustein, der das schreckliche Wirbeln verursachte. Zeitgenossen berichteten im 18. Jahrhundert, daß dieses wie ein Trichter anzusehen war und daß sein Zentrum 4—5 Schuh (bis zu 1,50 m) tiefer lag als der übrige Wasserspiegel.
Maria Theresia ließ zwar die ersten Felskugeln beseitigen. Aber erst nach der Wegschaffung des Hausteines wurde 1861 eine Fahrrinne ausgesprengt. 1890—94 wurde die endgültige Regulierung vorgenommen, bei der die Felsen des Bomben- und Wildrißkachlets praktisch alle entfernt wurden. Der bis dahin übliche Vorspann lebendiger Zugkraft (Pferde und Ochsen wurden vor die bergfahrenden Dampfer gespannt) konnte entfallen. Und große Schiffe konnten fortan bei günstigem Wasserstand durch die Wildriß zu Tal fahren.

Die Katarakte

Der letzte Gebirgsengpaß, den die Donau auf dem Weg zum Meer durchströmt, bietet dem Schiffsreisenden das großartigste Landschafts-Erlebnis. Für die Steuerleute war dieser Abschnitt früher am schwierigsten: In der 117 km langen „Kataraktenstrecke" durchbricht die Donau das Banater Bergland, die Transsylvanischen Alpen — einen Bestandteil der Karpaten. Diese Strecke beginnt bei Alt-Moldova (Moldova veche) und endet unterhalb vom Eisernen Tor, bei Turnu Severin.
An den „Katarakten" oder Stromschnellen zwischen Drenkova und dem Eisernen Tor hatte die Donau ein Gefälle, das mehr als doppelt so groß war wie das der Gesamtstrecke innerhalb des Alpensystems. Die einzelnen Riffe und Bänke im Strombett wirkten gewissermaßen als Stauwehre, an denen sich die drängenden Wassermassen stauten, um teils über sie hinwegzuschießen, teils mit Wildwassertempo durch Einrisse und Lücken zwischen ihnen hindurchzupressen.
Das ungleichmäßige Gehemmtwerden durch Felsbarrieren erzeugte wirbelnde Wasserbewegungen. In der Stromsohle bildeten sich Kolke (Gumpen) oder Aushöhlungen, die in den Katarakten eine Donau-Wassertiefe bis zu 56 Meter ergaben. An diesen Stellen liegt die Stromsohle 14 m tiefer als der Spiegel des noch 955 km entfernten Schwarzen Meeres!

Die Kataraktenstrecke der Donau sucht in ganz Europa ihresgleichen. Wie Norwegens Fjorde muten die romantischen Schluchten und Talweitungen an. Die Donau durchbricht hier das Banater Bergland, die Transsylvanischen Alpen der Karpaten. Hier ankert zwischen Drenkowa und dem Felsen Greben eine „Plätte", die das Auswechseln der Schiffahrtszeichen (s. S. 58) besorgt.

Buchstäblich aus heiterem Himmel wird das Schiff von einer Sommer-Kossowa überfallen (s. S. 36). Im Handumdrehen entstehen Windstärken 9—10, die Donau — deren Hochwasserfluten lehmbraun sind — zeigte geifernde weiße Schaumkronen. Im Hintergrund die Abhänge des Westbalkans. Dieser Gebirgsausläufer liegt in Bulgarien. Links das rumänische Ufer oberhalb von Calafat.

Aus dem Höhenunterschied zwischen Orsova und der Stromsohle unterhalb des Eisernen Tores wurde berechnet, daß in der Vorzeit der Sturz der ursprünglichen Donau — aus dem mittleren Donaubecken (etwa bei Gura Vaii) in die Walachische Tiefebene — Fallhöhe und Wassermenge der heutigen Niagarafälle erreicht haben muß.

Das erste schwierige Schiffahrtshindernis der Kataraktenstrecke war die Granitbank STENKA, knapp 12 Kilometer stromab vom Felsen Babakai. Bei Niedrigwasser bildete sie einen reißenden Katarakt, bei Hochwasser war sie unsichtbar. Durch die Verengung des Flußbettes entstanden Stauungen mit entsprechenden Schnellen. Knapp 15 km unterhalb davon befindet sich die Felsenbank von KOZLA, die aus quarzigem Glimmerschiefer besteht. Dort bildete sich bei niedrigem Wasser ein zweiter Donau-Katarakt mit wachsender Stromgeschwindigkeit. An der linksseitig vorspringenden Felsennase entstand ein starker Wirbel — der GOSPODJIN VIR oder „Wirbel der Kaiserin". Und bei der fast das ganze Flußbett einnehmenden, nahegelegenen Felsenbank von DOIJKE kam bei Hochwasser ebenfalls eine Stauwirkung mit entsprechenden Schnellen und Wirbeln zur Geltung. Weitere 10 km stromabwärts von DOIJKE liegen die beiden Felsbänke von ISZLAS und TACHTALJA, die früher ebenfalls gefährliche Katarakte bildeten.

Einen extremen Stau, daneben eine Verdoppelung der Stromgeschwindigkeit, verursachte der weit in die Donau vorspringende Felsensporn GREBEN. Bei Niedrigwasser wurde der Strom von durchschnittlich 567 m in der Kataraktenstrecke auf nur 210 m Breite zusammengedrängt. Darum wurde auch hier — wie bei STENKA, KOZLA-DOJKE und IZLAS-TACHTALJA — eine kanalartig gerade Fahrrinne in die Stromsohle gesprengt, die für ausreichende Wassertiefen und bessere Steuerfähigkeit der Schiffe sorgte. Gleichzeitig wurde durch einen sechs Kilometer langen Leitwerk-Sperrdamm rechts hinter dem GREBEN — das allzu baldige Abfließen und Verteilen des Wassers verhindert. Auf diese Weise wurde die künstliche Fahrrinne künstlich noch weiter vertieft. Der Damm lief parallel zum Fahrwasser. Bei höheren Wasserständen lief der Wasserüberschuß in ganzer Länge über die Kronen dieser Dämme und erzeugte deutlich sichtbare Wasserfälle.

Ein weiterer Katarakt mit eigener Fahrrinne befand sich bei der Diorit-Felsenbank von JUCZ. Sie verläuft quer durch die ganze Donau.

Stromabwärts davon beginnt der Felsenschlund des KAZAN-PASSES. Das ist die imposanteste Stromenge von ganz Europa. Bei der Dorfe Plavischevitza schiebt eine 240 m hohe Felsenwand vom Schukamare-Gebirgszug ihre Vorsprünge so weit in die Donau vor, daß der Strom plötzlich von knapp 570 m auf nur 181 m Breite verengt wird. Der Stromstrich geht, von der scharfen Felswand-Ecke abgelenkt, nach rechts gegen die 321 m hoch senkrecht aus dem Wasser aufragenden Schründe des MIROC PLANINA und des VELIKI STRBATZ. Das ist der Eingang zum KAZAN-PASS, der an seiner engsten Stelle schließlich auf nur 151 m Breite eingeschnürt wird.

Der Rückstau des Wassers im KAZAN-PASS war von Natur aus so beträchtlich, daß er vor dem Bau des Staudammes am EISERNEN TOR starke Gegenströmungen oder „Wechsel" erzeugte. Die Donau floß also stellenweise bergwärts! Andererseits verursachte der KAZAN mit seinem engen Durchlaßprofil derartige Wasserüberhöhungen durch Stau, daß die Fallwirkung

der übrigen Katarakte weitgehend gemildert, ja bei Hochwasser größtenteils aufgehoben wurde!
Unterhalb von Orsova und der inzwischen überfluteten Türkeninsel ADA KALEH durchströmte die Donau früher das EISERNE TOR. Dieser Name wird allgemein falsch verstanden. Man stellt sich eine Felsenschlucht wie den KAZAN-PASS oder gar einen Gebirgspaß darunter vor. Daran dürfte eine Verwechslung mit gleichnamigen Pässen in Siebenbürgen und im Balkan-Gebirge schuld sein.
DAS EISERNE TOR der Donau ist nichts anderes als eine quer über die ganze Strombreite reichende, inzwischen überstaute Felsenbarriere. Sie durchsetzt die an dieser Stelle 900 m breite Donau in schräger Richtung 1700 m weit stromabwärts mit einer 500 m breiten Felsklippe aus quarzigem Kalkstein. Einzelne, gefährliche Felsspitzen ragten früher daraus hervor. Ihre Durchschiffung war äußerst gefahrvoll — und nur bei hohen Wasserständen möglich. Deshalb wurde Ende des vorigen Jahrhunderts am rechten Donau-Ufer ein 1720 m langer, an der Sohle 73 m breiter und drei Meter tiefer KANAL VON SIP (EISERNER-TOR-KANAL) geschaffen, der das Riff PRIGRADA durchschnitt. 1896 wurde der von einer deutschen Wasserbaufirma geschaffene Kanal eingeweiht. Er war durch einen hohen Steindamm von der übrigen Donau abgesondert, aber schleusenlos offen. Um die erforderliche Kanaltiefe zu bekommen, mußten etwa 368 000 cbm Fels gesprengt und entfernt werden. Die Wassergeschwindigkeit in dem kurzen SIP-KANAL war groß: 18 km/h = 4—5 m/sec. Bei mittlerem Wasserstand wurde er von 2000 cbm Wasser pro Sekunde durchströmt, denn auf dem kurzen Kanalstück betrug das Gefälle immerhin 4,2 Meter, was einem Verhältnis von 1 : 400 entspricht!
Die reißende Strömung im SIP-KANAL erforderte sehr starke Schlepper (Kataraktendampfer) oder aber einen zusätzlichen Schleppervorspann, den in den Jahren 1916—1968 die schweren Dampfloks einer am Ufer angelegten, 2,5 km langen Treidelbahn ermöglichten.
Inzwischen haben sich die Verhältnisse am EISERNEN TOR radikal geändert. Der „Assuandamm der Europäer", ein Groß-Staudamm von 1100 Meter Länge und 38 Meter Höhe — unterhalb des vormaligen SIP-KANA-LES, zwischen Sip und Guravi — hat den Wasserspiegel der Donau um 23 Meter angehoben und die Kataraktenstrecke in einen Stausee von insgesamt 140 km Länge verwandelt. Insgesamt macht sich der Wasserstau noch über 200 Kilometer stromaufwärts, bis zur Theiß-Mündung, bemerkbar. Für den gemeinsamen Bau dieses Staudammes hatten im Dezember 1960 in Belgrad jugoslawisch-rumänische Regierungsverhandlungen stattgefunden. Jahrelange Voruntersuchungen und Planungen des rumänischen „Institutul de Studii si proectavi Energetice" (ISP) und der jugoslawischen „Djerdab"-Studiengruppe der „Energoprojekt" Belgrad gingen dem Dammbau voraus, an dem sich auch Bulgarien finanziell beteiligte. Zweck der Donaustufe war die Gewinnung elektrischer Energie durch Wasserkraftturbinen und gleichzeitig die Sanierung der Schiffahrt auf der Kataraktenstrecke, die nunmehr zweibahnig und weitgehend risikolos befahren werden kann.
Zwecks Schaffung der Donau-Staustufe am EISERNEN TOR mußten die rumänischen Stadt Orsova sowie die Dörfer Svinita und Ogradena mit 15 500

Einwohnern geräumt werden. Neu-Orsova wurde auf einem Plateau oberhalb des früheren Ortes erbaut.
Auf der jugoslawischen Seite wurden die Ortschaften Sip, Tekija, Golubinje ganz, Donju und Mihailovac hingegen teilweise ein Opfer der Flut. Auch von dort mußten insgesamt 9 500 Einwohner umgesiedelt werden. Außerdem waren 24 km Bahnlinie zu verlegen, sieben Tunnel, mehrere Dutzend Brücken und 250 km Straße neu zu erbauen.
Ein Opfer der Flut wurde auch die malerische, zwei Kilometer lange Türkeninsel ADA KALEH zwischen Orsova und dem EISERNEN TOR. Die Insel war beim Friedensvertrag des Berliner Kongresses von 1878 vergessen worden und blieb daher bis 1912 türkisches Staatsgebiet. Sie wurde von 800 Türken bewohnt, die der Insel ein ausgesprochen orientalisches Gepräge gaben. Sie mußten vor Beginn des Einstaues am EISERNEN TOR auf dem rumänischen Ufer eine neue Bleibe finden. Ihre Moschee, die alten türkischen Befestigungsanlagen und andere Baudenkmäler zogen mit ihnen um. Sie wurden abgetragen und anderswo wieder aufgebaut. Auch die berühmte römische Trajanstafel (s. S. 66) wurde mitsamt einem 150 t schweren Felsblock aus dem jugoslawischen Ufer herausgesägt und an einer höher gelegenen Stelle wieder in das Ufer eingefügt. Der Bau des Stauwerks am EISERNEN TOR machte die Bewegung von 22 Millionen Tonnen Erde und Gestein, den Verbrauch von drei Millionen Tonnen Beton und Eisenbeton sowie den Einbau von 700 000 t elektromechanischen Konstruktionsteilen notwendig.
Den offiziellen Baubeginn kennzeichnete ein Festakt am 7. 9. 1964. Die endgültige Fertigstellung aller Bauarbeiten wurde im Jahre 1972 gemeldet.
Im Jahre 1965 wurde zunächst ein provisorischer Absperrdamm fertig, der Voraussetzung für den trockenen Bau des endgültigen Staudammes war. Dieser inzwischen vollendete sogenannte Djerdab-Staudamm hat in der

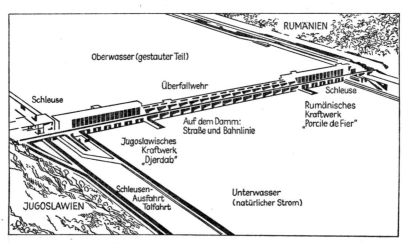

Das Donau-Großstauwerk „Eisernes Tor" mit beiden Schiffahrtsschleusen

Mitte ein 441 m langes und bis zum Donaugrund 60 m hohes Überfallwehr, in das 14 Wehrschützen von 25 m Länge und 14 m Höhe eingebaut wurden. Jedes der an beiden Ufern erbauten Kraftwerke hat mit 430 m Länge und 66 m Höhe die Ausmaße eines 25stöckigen Wohnblockes. Jedes der beiden Kraftwerke hat sechs Turbinenaggregate von je 145 Megawatt Leistung. Das jugoslawische Kraftwerk trägt den Namen DJERDAB, das rumänische den Namen PORCILE DE FIER. Beide Namen bedeuten dasselbe: EISERNES TOR. Seit 1972 erzeugen die beiden Kraftwerke gemeinsam 11,5 Milliarden kWh Energie pro Jahr und erreichen als zweitgrößte Wasserkraftwerkgruppe Europas fast die Leistung des Assuan-Kraftwerks (12,1 Mrd. kWh).

Zwei Schleusenkammern von je 310 m Länge und 34 m Breite nehmen Seeschiffe bis zu 5000 Tonnen Tragfähigkeit auf. Tatsächlich verkehren Donau-See-Schiffe bis hinauf nach Budapest, eines Tages auch bis nach Preßburg und Wien. Durch den 1—4 km breiten Katarakten-Stausee mit seiner wesentlich geringeren Strömung wurde die Dauer einer Kataraktenfahrt zu Berg von hundert auf dreizehn Stunden reduziert, die Jahres-Transit-Kapazität der Kataraktenstrecke von 15 auf 55 Millionen Tonnen Schiffraum pro Jahr erhöht.

Andererseits ist der Katarakten-Stausee der Donau von solchem landschaftlichem Reiz, daß jährlich mit etwa 1,7 Millionen Touristen gerechnet wird. Man hat schon jetzt Hotels und Gaststätten mit einer Kapazität von 10 000 Betten neu erbaut.

Etwas über die Nautik

Das Manipulieren und Lavieren, Steuern und Navigieren auf der Donau erfordert ein hohes Maß von Erfahrung und Geschick, zumal in Strecken mit reißender Strömung und zahlreichen Untiefen oder bei extremen Wasserständen. Bergfahrende Schiffe meiden, wenn irgend möglich, das „schwere Wasser", d. h. den heftig fließenden Stromstrich. Sie mogeln sich gern in strömungsarmen oder gar toten Zonen vorwärts, in sog. „Lacken". Dieses „Lacken-Schinden" setzt aber genaue Kenntnis des Fahrwassers und häufige Benutzung der Sondierstange (Peillatte) voraus, besonders in der Nähe von Kieshaufen und Furten.

Die Talfahrt mit schwerbeladenen Schiffen geht im tiefsten Teil der Fahrrinne, im Talweg, vor sich. Sie erfolgt mit überhöhter Geschwindigkeit. Das rechtzeitige Erkennen der Strömungssituation und der einzuleitenden Steuerbewegungen setzt rasches Reaktionsvermögen und Kenntnis von der Gewalt der Fliehkraft voraus. Bei Schleppzügen müssen die Steuerleute bzw. die Steurer bestens aufeinander eingespielt sein und in gleicher Weise richtig reagieren (s. Skizze auf S. 46!)

Bei Berg- u n d Talfahrt wird fast stets durch „Absehen" gesteuert. Darunter versteht man das Zielen auf bestimmte Ufermerkmale wie Bäume, Häuser oder etwa Berge. Derartige Anfahrmerkmale und Peilungen haben die Schiffer im Kopf. Die an Bord befindlichen Stromkarten werden unter normalen Umständen selten oder gar nicht gebraucht.

Da bei jedem Pegelstand die Strömung anders verläuft, erfordert das richtige Steuern sorgfältige Beobachtung der Wasserfläche, die viel von den jeweiligen Stromverhältnissen und Untiefen verrät. Die Schiffer lesen im Aussehen der Wasseroberfläche wie der Arzt in einem Röntgenbild.
In geringem Abstand einander begegnende Schiffe ziehen sich gegenseitig an, weil zwischen ihnen ein hydrodynamischer Unterdruck entsteht. Das muß beim Steuern rechtzeitig ausgeglichen werden — ebenso wie nahe gelegene Kieshaufen unter Wasser, abzweigende Strom-Nebengerinne, Erhöhungen und Aushöhlungen der Stromsohle entsprechenden Ausgleich beim Steuern erfordern. Andernfalls geschieht es schnell, daß ein Schiff „sabelt" oder „einen Gang macht" und mit schlimmen Folgen plötzlich aus seinem Kurse ausbricht.
Das „Rondo-Machen" talfahrender Schiffe, nämlich das Wenden in die Gegenstromrichtung, ist eine besondere Kunst. Das zu drehende Schiff muß sich zunächst dicht an das Ufer halten, zu dem der Stromstrich hinüberläuft. Die Fahrt wird verringert, das Steuerruder hart in die Drehrichtung gelegt. So gerät das Vorschiff in schwächere Strömung, während das „schwere Wasser" das Hinterschiff entsprechend stärker schiebt. Im richtigen Moment muß bei dieser Karussellfahrt die Maschine wieder auf die richtige Fahrstufe gebracht werden. Hat ein Schiff geschleppte Anhänge, so wird ein Rondo besonders knifflig. Allzu leicht würde ein geringer Fehler zu schweren Kollisionen mit ihnen führen.
Eine richtige Wissenschaft ist das „Z'sammbandeln" (Zusammenstellen, Koppeln) der Schleppzüge. Auf der oberen Donau werden maximal vier Anhangschiffe (Schleppe) hinter den bergfahrenden und drei im Paket nebeneinanderliegende Schleppe hinter den talfahrenden Remorkör gehängt, wobei in Talfahrt ein vierter, leerer Schlepp möglichst beim Remorkör „geschwabelt" (längsseits festgemacht) gefahren wird. Nur der erstgeschleppte Anhang, das schwerste Schiff des Zuges, hängt am Schleppseil des Remorkörs. Die anderen Schiffe hängen jeweils mit besonderen „Aufklampfseilen" an ihrem Vordermann. In der Bergfahrt wird das Remorkörseil 120—150 m weit gesteckt, bei schwierigen Stromstrecken wird es zeitweilig gekürzt. In der Talfahrt werden zwei Schleppseile über Kreuz zu dem Schiffspaket geführt, das in geringem Abstand dem Remorkör folgt.
Die beschriebene Zugformation ist bis hinunter nach Gönyü (Ungarn) üblich. Auf der unteren Donau werden bis zu 10 beladene Anhangschiffe paarweise hintereinander zu Berg und bis zu 12 beladene Anhangschiffe zu Tal geschleppt. Im zweiten Fall sind sie in zwei Paketen zu je fünf Schiffen nebeneinander-„geschwabelt", während an jeder Seite des Remorkörs ein weiteres Schiff „geschwabelt" gefahren wird. Diese Anordnungen müssen aber in bestimmten Abschnitten geändert werden, so daß ein Schleppzug auf jeder Reise mehrfach umrangiert und neu zusammengestellt wird. Allerdings sei gesagt, daß die Tage der Schleppschiffahrt auch auf der Donau gezählt sind. Immer weiter setzen sich Schubkoppel- und reguläre Schubverbände durch, die als starr miteinander verbundene Schiffspakete keine Besatzung für die steuerlosen Schubleichter benötigen und deshalb die rationellste Betriebsform garantieren. Sie sind außerdem nautisch besser zu handhaben und machen sogar bei Nebel Radarfahrt möglich, was bei

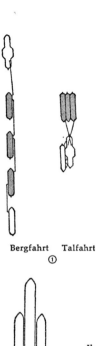

Bergfahrt Talfahrt
①

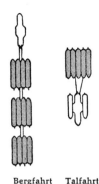

Bergfahrt Talfahrt
②

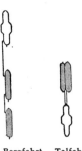

Bergfahrt Talfahrt
③

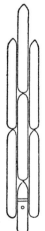

DONAU-SCHLEPPZÜGE UND SCHUBVERBÄNDE

Ihre Anordnung auf den einzelnen Stromabschnitten in einigen Beispielen:

(1) Obere Donau, Regensburg—Jochenstein-Schleuse. Ähnlich bis nach Gönyü (Ungarn)

(2) Kazan-Paß (Kataraktenstrecke, früher)

(3) Eiserner-Tor-Kanal (Kanal von Sip, früher)

(4) Gönyü — Batina und rumänische Flachlandstrecken

(5) Bergfahrende Schubeinheit, untere Donau

⑤

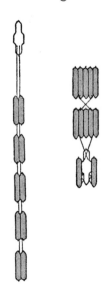

Bergfahrt Talfahrt
④

Steuern im Strom ist eine schwere **Kunst.** Hier ein talfahrender Remorkör mit zwei Anhängen in einer Donaukrümmung. Man beachte die wechselnden, genau gleichzeitigen Bewegungen der Steuerruder. (Skizze nach Suppan)

einem Zug mit einzeln gesteuerten Schleppkähnen („Schlepps") undenkbar wäre. Die Sanierung der Kataraktenstrecke (s. S. 38—44) und die Staustufen der oberen Donau begünstigen die schnelle Umstrukturierung, die wegführt vom personalaufwendigen Schleppzug. Auch der Bayerische Lloyd wird künftig nur noch schnelle Motorgüterschiffe mit unbemannten Kähnen oder Schubleichtern in Betrieb halten. Seine „Remorköre" verschwinden bis auf einen oder zwei, die vorerst zwischen Komarom und Linz zu pendeln haben, weil auf dieser Strecke die Motorgüterschiffe wegen des starken Strömungswiderstandes ihre im Koppelverband geschobenen Kähne zurücklassen müssen. Das moderne deutsche Donauschiff präsentiert sich in Einheiten wie dem Schubmotortankschiff „Ursula v. Köppen", das zusammen mit seinem geschobenen Leichter TL 1 3200 t Ladung transportiert und nur fünf Mann Besatzung benötigt. Auch die Erste Donau-Dampfschiffahrts-Gesellschaft (DDSG), Wien, läßt unter den 202 Einheiten (Stand Anfang 1975) ihres großen Schiffsparkes den neuen Trend immer stärker erkennen. 10 noch vorhandenen Zugschiffen stehen ein reines Schubschiff, 12 kombinierte Zug- und Schubschiffe sowie 31 selbstfahrende Güter- und Tankschiffe gegenüber. Die neuen Motorgüterschiffe „Klosterneuburg" und „Korneuburg" (1312,7 Eichtonnen, 1350 PS) sowie „Greifenstein" und „Jochenstein" (1992,7 / 1998,4 Eichtonnen, 1500 PS) können auch als Koppelverband (Mutterschiff - Tochterschiff) fahren, d. h. je einen unbemannten Leichter schieben.

Während beim Koppel- oder Schubkoppelverband das schiebende Schiff zugleich auch Ladungsträger ist, sind bei regulären Schubverbänden Antriebseinheit und Ladungsträger getrennt. Das Schubboot ist sozusagen der Maschinen- und Steuerteil des Schiffs-Konglomerates. Seine Steuerkanzel ähnelt eher dem Cockpit eines Verkehrsflugzeuges. Steuerknüppel ersetzen die herkömmlichen Steuerräder. Die Steuerleute haben alle Bedienungselemente, Schaltknöpfe und Instrumente — auch für die Maschinendirektsteuerung von der Kommandobrücke aus — ebenso zur Hand wie ein Flugkapitän. Navigiert wird mit Hilfe von Wendezeiger, Echolot und Radar. Tatsächlich stammt der Wendezeiger oder Kreiselwendezeiger aus der Luftfahrt. Wie ein Pilot richtet der Steuermann eines Schubverbandes seine Steuerbewegungen nach diesem feinnervigen Gerät. Es basiert auf einem Kreisel, der mit hoher Tourenzahl um seine horizontale Achse rotiert. Ändert das Schiffspaket seine Richtung, so gibt der Kreisel die Größe und Art der Abweichung an. Mit seiner Hilfe pendelt der Steuernde den Schubverband — und übrigens auch einen Schubkoppelverband — in die neue Richtung ein. Man muß genau vermittelt bekommen, wann die in Gang gekommene Pendelbewegung des langen Schiffsverbandes durch Gegenruder „gestützt", d. h. abgefangen werden muß — auch mit Hilfe des Ruderlageanzeigers, der jeweils sofort die „rückgemeldete" Ruderstellung anzeigt. Der Wendezeiger legt sich bald wieder über die Nullmarke hinweg und bricht deutlich nach der anderen Seite aus. Mit Recht hat ein Fachmann das Steuern eines solchen Verbandes mit dem Balancieren eines Zeigestockes auf der Fingerspitze verglichen. Die ganz hinten liegenden Steuerorgane ergeben einen extrem langen Hebelarm. Bugstrahlruder an der Spitze des Verbandes, in den vorderen Schubleichtern, unterstützen deshalb die Steuer-

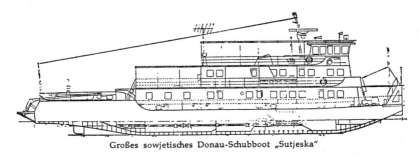

Großes sowjetisches Donau-Schubboot „Sutjeska"

bewegungen in den Stromkrümmungen oder bei Begegnungsmanövern, die Schubverbände und Schubkoppelverbände übrigens untereinander vorher über Ultrakurzwellenfunk (Schiff-Schiff-Frequenz) absprechen müssen.

Ganz besonders wichtig werden Wendezeiger und Flußecholot bei Radar-Nebelfahrt. Die Elektronik liefert dann die einzigen Orientierungsmöglichkeiten. Scharf begrenzt, wie ein Scheinwerferstrahl, fingert das ausgesandte Wellenbündel des Radar-Drehstrahlers durch die grauen Schwaden. Sie tasten die Wasserfläche in Vorausrichtung bis zu 1600 Metern ab und ergeben eine Vielzahl von Echos auf dem Bildschirm. Dank Radar aber erfährt die „Continue-Fahrt", die Tag- und Nachtfahrt eines Schubverbandes, keine Wetterunterbrechungen mehr.

Wenn der Verband vorerst auch ab Komorn stromaufwärts aufgelöst werden muß (für die obere Donau setzt die DDSG zwei kleinere Niederwasserschubschiffe mit je zwei Leichtern ein): Standardgröße für den Verkehr auf der oberen Donau dürfte das Schubboot „Linz" der DDSG Wien haben, das mit jeweils sechs Schubleichtern 8000 t Massengüter über die Strecke bringt. Mit derartigen Verbänden gleicht sich die Donauschiffahrt immer mehr der Rheinschiffahrt an und arbeitet damit der späteren Vereinigung beider Stromsysteme entgegen. Auf der unteren Donau verkehren bereits Großschubverbände mit maximal 18 000 t (!) Ladung, die trotz einer Länge von 300 m und einer Breite von 36 m die modernen Schleusenkammern der Staustufe am Eisernen Tor (s. S. 43) als Ganzes durchfahren können. So verkehrt das Schubschiff „Kadinjaca" von der JRB (Jugoslawien) mit 12 Schubleichtern von je 1500 t Ladefähigkeit.

Kleine Schiffstypenkunde

Donauschiffe sind von besonderer Bauart. Sie sind den nautischen Gegebenheiten des Stromes angepaßt. In der Regel haben sie doppelte, in Ostblockstaaten sogar dreifache Besatzung an Bord, weil ja — zumindesten unterhalb von Wien — Tag und Nacht unentwegt gefahren wird. Die Personalschichten lösen sich in vier- oder achtstündigem Wachwechsel ab — wie die Besatzung von Seeschiffen. Zugschiffe oder „Remorköre" haben durchschnittlich 12, große Schubschiffe 10 bis 12 Mann, große Fahrgastschiffe im internationalen Verkehr bis zu 70 Mann Besatzung. Familienangehörige von Besatzungsmitgliedern reisen nur auf den „Schlepps" (d. h. Schleppkähnen) mit. Auch darin unterscheidet sich die Donau von anderen Wasserstraßen.

Die technische Ausrüstung der Donauschiffe ähnelt durchaus der von See-

Die „Austria"

Die „Amur" und die „Dnjepr"

Budapest, Ungarns Hauptstadt, ist eine der schönsten Metropolen Europas. Mit 1,95 Millionen Einwohnern ist sie größer als die Städte Wien und Hamburg. Direkt am Donauufer steht das Parlamentsgebäude, das Wahrzeichen von Budapest.

Der Höhepunkt der Kataraktenstrecke: Bei Plavischevitza öffnet der Kazanpaß seine Schründe. Von fast 600 m Breite wird der Donaustrom auf nur 181, weiter stromab sogar auf 151 m eingeengt. Links die steilen Felswände des Schukamare-Gebirgszuges, rechts der Miroc Planina. Diese Felsen ragen bis zu einer Höhe von 321 Metern lotrecht aus dem Wasser empor (bezogen auf Wasserspiegelhöhe vor Schließung des Staudammes am Eisernen Tor).

Rumänische Fischer mit ihren charakteristischen Kähnen im Donau-Delta. Die Gewässer dieser subtropischen Zone der sommerlichen Donau sind fischreich (s. S. 59—61). Auch der Stör kann hier gefangen werden

schiffen. „Selbstfahrer" (Motorgüterschiffe oder Motortanker) haben 3 bis 4 Mann Besatzung sowie 1 bis 2 Streckensteuerleute für bestimmte Strecken der mittleren und unteren Donau an Bord. Sie kennen das Wasser ebenso exakt wie einheimische Lotsen.
Die Länge der Donau schafft eigene Gegebenheiten. Weil die Schiffe viele Wochen lang ganz auf sich selbst gestellt sind, haben die Zugschiffe und Selbstfahrer eigene Bordwerkstätten und Maschinenstores, starke E-Generatoren mit ausgedehntem Kraftstromnetz, oft Sprechfunk- und sogar Funktelegrafieanlagen, neuerdings auch Radar.
Normalerweise ist es üblich, daß Zugschiffe und Selbstfahrer N a m e n , die Güter- und Tankschlepps hingegen N u m m e r n tragen.
Unter den Namen überwiegen die von Städten, Flüssen und Gebirgen, seltener kommen auch Personen-Namen vor. Schiffe gleichen Typs tragen oft sinnverwandte Namen oder Namen mit gleichen Endungen.
Der Sachkenner kann der Schiffsnummer eines Kahnes oder Selbstfahrers die Tonnage entnehmen. So hat der Bayerische Lloyd in Regensburg drei- und vierstellige Nummern. Hunderter-Nummern bedeuten 650-Tonner. Der Schlepp BL 104 ist Schiff Nr. 4 von dieser Gattung. Schiffe wie BL 1016 haben 1000 t, wie BL 1201 haben 1200 t Ladefähigkeit.
Bei der österreichischen DDSG und der tschechoslowakischen CSPD bezeichnen die beiden ersten Ziffern der vier- und fünfstelligen Schiffsnummern die Ladefähigkeit, z.B.:
DDSG 10019 = 1000-Tonner Nr. 19 (entsprechend CSPD 100 19)
DDSG 6701 = 670-Tonner Nr. 1
DDSG 5504 = 550-Tonner Nr. 4
DDSG 3205 = 320-Tonner Nr. 5
An den beiden oder auch drei ersten Ziffern der drei-, vier- und fünfstelligen Nummern von ungarischen, rumänischen, bulgarischen und sowjetrussischen Schiffen ist die Tonnage ebenso mühelos abzulesen. Nur setzen die Rumänen, die Sowjets, die Ungarn und die COMOS-Reederei Wien vor ihre Tankschiffsnummern noch ein „T".

Die Zeit der „Schlepps", d. h. Kähne ohne eigenen Antrieb, geht vorbei. Sie bestimmten eine ganze Epoche Donauschiffahrt. Das abgebildete Fahrzeug „BL-1201" vom Bayerischen Lloyd, Regensburg, gehört zu einer Klasse mit 1028 t Tragfähigkeit. Diese Schlepps haben eine Länge von 80,6 und eine Breite von 9,5 Metern.

Ein auf unterer und mittlerer Donau häufiger Standard-Typ ist dieser sowjetrussische Schub- oder Stoßleichter (SDGP—1101). Diese motorlosen Güterschiffe können gezogen wie auch geschoben werden. Das Deck ist vorn und achtern rechtwinklig geschnitten, der Steven trägt „Schubschultern", um weitere Leichter vor sich herschieben zu können. Die Schiffe tragen 1148 t, meist Massengüter wie Erz. Sie haben eine Länge von rd. 77 m und sind 10 m breit.

Unterscheidungsbuchstaben des Donauuferstaates, in dem der Heimat- oder Registerort des Fahrzeugs liegt

A: Österreich
BG: Bulgarien
CS: Tschechoslowakei
D: Deutschland

M: Ungarn
R: Rumänien
SU: Sowjetunion
YU: Jugoslawien

Unter einem Koppel- oder Schub-Koppelverband versteht man die Kombination Schiebender Selbstfahrer-Schubleichter. Der geschobene Leichter ist unbemannt. Der Verband trägt jeweils den Namen des schiebenden Motorschiffes.

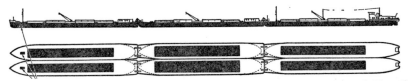

Ein ebenso bemerkenswertes wie kurioses Experiment war der COMOS-Schubkoppelverband „Mur-Möll". Zwei genau gleiche Motorschiffe wurden nebeneinander vertäut, ebenso je zwei von ihnen geschobene, unbemannte Leichter. Das Sechserschiffspaket bewegte zwar 5740 t Ladung, besaß jedoch mangelnde Flexibilität. Der Verband wurde deshalb in Einzel-Motorschiffe und Schubkoppelverbände aufgelöst. Immerhin haben kostensparende und universell einsetzbare, selbstfahrende Frachtschiffe und Schubkoppelverbände allein bei der Wiener Reederei COMOS bewirkt, daß die Schiffsanzahl in den letzten zehn Jahren um 40%, die Personalziffer um 53% gesenkt werden konnten. Die Transportmengen stiegen jedoch um 41%. Ähnlich liegen die Verhältnisse bei den DDSG und beim Bayerischen Lloyd. Unter der Ungunst der Verhältnisse war scharfe Rationalisierung die einzige Überlebensmöglichkeit unter Konkurrenzdruck und „eingefrorenen" Frachttarifen.

Die Reedereien

Einschließlich der Nebenflüsse hat das Netz des Donau-Schiffsverkehrs die stattliche Länge von 4500 Kilometern. Schon nach dem ersten Weltkriege hatte sich eindeutig herausgestellt, daß diese Ausdehnung ganz besondere internationale Zusammenarbeit der Reedereien verlangt. Bis dahin waren die Donau-Gesellschaften einzeln, unter großen Unkosten und mit oft schlecht genutzten Laderäumen hin- und hergefahren. Dann aber entschloß man sich zu dem Ordnungswerk der internationalen Betriebsgemeinschaften. Reedereien mehrerer Länder schlossen sich jeweils zu einer solchen BG zusammen und erreichten ungleich höhere Rentabilität, weil sie durch Absprache schädliche Parallelfahrten vermieden und durch gemeinschaftliche Verwendung ihrer Zugschiffe die Selbstkosten senkten. Auch die Stationsdienste wurden weitgehend gemeinsam betrieben. Ungeachtet der heutigen politischen Verhältnisse im Donauraum arbeiten Reedereien diesseits und jenseits der Ost-West-Grenze kollegial und reibungslos zusammen. Die Reedereien der deutschen und österreichischen Schiffahrtsgruppe haben untereinander ein Remork- und Hilfeleistungsübereinkommen, dem sich auch die ungarischen, tschechischen, jugoslawischen, rumänischen, bulgarischen und sowjetrussischen Staatsreedereien angeschlossen haben. Zwischen allen Gesellschaften bestehen auch noch Abkommen über die Agentierung in den einzelnen Ländern untereinander.

Insgesamt jedoch sind die Verhältnisse in der Donauschiffahrt recht unerfreulich. Die sogenannten Südost-Tarife stagnieren, sie sind seit 1956 unverändert. Bei dem ständig wachsenden Kostendruck machen sie eine gesunde Weiterentwicklung von freiwirtschaftlich orientierten westlichen Reedereien, die an ein Rentabilitätsprinzip gebunden sind, außerordentlich schwer. Sie sind dem Wettbewerb von Staatsreedereien ausgesetzt, die nach völlig anderen Prinzipien arbeiten. Im Laufe der Jahrzehnte sind von ursprünglich 16 Donaureedereien nur 10 übriggeblieben. Nur Großreedereien können sich auf der Donau halten.

Eigner- oder Partikuliersschiffahrt gibt es nur örtlich, im internationalen Frachtverkehr aus Rentabilitätsgründen aber nicht.

Am 30. März 1856 hatte der Pariser Kongreß die Freiheit der Donau-Schiffahrt verkündet und die Mündung internationalisiert. Durch die Friedensverträge von Versailles und Trianon war 1919 und 1920 sogar die völlige Internationalisierung der deutschen und der ehemals österreichisch-ungarischen Donaustrecken erwirkt worden. Das führte dazu, daß sich zeitweilig auch westliche Länder (der Entente) in der Donauschiffahrt engagierten. Es gab darum vor dem zweiten Weltkriege auf dem Strom je eine britische, französische, italienische und holländische Reederei! In Budapest waren sogar britische Kriegsschiffe stationiert.

Der Verkehr in die Oststaaten ist heute auf der internationalen Donau für alle Schiffe freigestellt, aber nur noch die Anliegerstaaten arbeiten in der Internationalen Donaukommission in Budapest zusammen.

Auf der Umschlagrückseite sind die Schornsteinabzeichen der noch existierenden Donaureedereien abgebildet — mit Ausnahme des Dunavski Lloyd (Jugoslawien) und der COMOS (Österreich). Die maschinengetriebenen

Das ist inzwischen Vergangenheit und allenfalls noch Kuriosum, denn die französische Donau-Reederei SFND hat vor Jahren ihren Betrieb eingestellt, jedoch noch viele Jahre nach 1945 eine westeuropäische Präsenz auf dem Donaustrom aufrechtzuerhalten versucht. Der französische 820-PS-Remorkör „Admiral Lacaze" hatte einen abenteuerlichen Lebenslauf: 1938 in Regensburg gebaut, 1939 nach Konstantinopel geflohen, 1940 Depeschenboot in der Ägäis, zwei deutsche Fliegerangriffe. Beschädigt auf Strand gesetzt, notdürftig repariert, beim deutschen Einmarsch nach Izmir (Türkei) entkommen. Durchbruch nach Zypern, dort 1941 bei deutschem Luftangriff versenkt, gehoben, repariert. Reise nach Port Said (Ägypten). Beschlagnahme durch die Engländer, Dienst als Kriegsschiff auf Nil und Suezkanal. Da Rückkehr über untere Donau, nach Kriegsende, verwehrt, Seereise Alexandria—Athen—Kanal von Korinth—Adria. In Triest zerschnitten, Einzelteile per Bahn über den Semmering zur Donau zurück. Dort wurde das Schiff zusammengesetzt und wieder in Betrieb genommen.

Schiffe des Dunavski-Lloyd haben gelbe Schornsteine mit blauer Manschette, darin die Buchstaben DL; die der COMOS schwarze Schornsteine mit weißer Manschette, darin in kreuzförmiger Anordnung die Buchstaben CMSG, wie sie am Bug des Tankschlepps auf Seite 10 (im Vordergrund) zu sehen sind.
Die auf der Umschlagrückseite und unten genannten Abkürzungen bedeuten folgende Reedereien:

```
        BL = Bayerischer Lloyd Schiffahrts-A.G., Regensburg
      DDSG = Erste Donau-Dampfschiffahrts-Gesellschaft, Wien
CMSG oder COMOS = Continentale Motorschiffahrts-Gesellschaft A.G., Wien
      CSPD = Ceskoslovenská Plavba Dunajská Národny Podnik, Bratislava
             (Tschechoslowakische Donauschiffahrt, Nationales Unternehmen,
             Preßburg)
      MHRT = MAHART oder Magyar Hajózási Részveny Társaság, Budapest
       JRB = Jugoslovensko Recno Brodarstvo, Belgrad
             (Jugoslawische Flußschiffahrt)
        DL = Dunavski Lloyd, Sisak/Save (Jugoslawien)
       BRP = Parahodstvo Bulgarsko Recno Plavane, Ruse
             (Bulgarische Flußschiffahrt)
        NR = NAVROM oder Navigatia Maritima si Fluviala Romina, Bukarest
             (Rumänische See- und Flußschiffahrt)
      SDGP = Sovetskoe Dunajskoe Gossudarstvennoe Parohodstvo, Ismail
             (Sowjetische Staatliche Donauschiffahrt)
```

Die auf der Umschlagrückseite abgebildete Schornsteinmarke ist die der DDSG-Motor-Zugschiffe und Selbstfahrer.
Der abgebildete NR-(NAVROM)-Schornstein gilt nur für die Fahrgastschiffe. Die Remorköre dieser rumänischen Staatsreederei haben schwarze Schornsteine, mit denselben blauen Ringen. Allerdings sind die Buchstaben NR darin nicht in Rot, sondern in Weiß zu sehen.
Auch die Schornsteinmarke der sowjetischen Donauschiffahrt gilt nur für Fahrgastschiffe. Russische Remorköre haben nicht weiße, sondern schwarze Schornsteine. Darauf allerdings befindet sich dieselbe rote Banderole mit den Sowjet-Emblemen.
Seit 1956 ist der Donauverkehr innerhalb der Anliegerschaft internationalisiert. Auch deutsche Donauschiffe fahren wieder bis zum Mündungsdelta — und sowjetische bis hinauf nach Regensburg. 1960 wurden auf dem ganzen Strom 16 Millionen, 1974 etwa 55 Millionen Tonnen verfrachtet. Das Frachtaufkommen betrifft fast ausschließlich Massengüter. Für diese stellt die Donau noch immer eine Hauptverkehrsachse Südosteuropas dar. Massengüter reisen auf dem Wasser am rentabelsten.

Die Donau-Fahrgastschiffahrt

Eine Schiffsreise auf dem Donaustrom bietet Erholung und Reise-Erlebnis zugleich. Von Jahr zu Jahr gewinnt dieser Schiffahrtsweg an Reiz und Bedeutung für Schiffspassagiere aus allen Ländern und Erdteilen. Nochmals sei an das Wort erinnert: „Wer zu Schiff die ganze Donau hinabfährt, macht eine Weltreise im kleinen".
Von großem Reiz sind jedoch auch die landschaftlich so unterschiedlichen und vielgestaltigen Streckenabschnitte, die von einzelnen Fahrgastdiensten planmäßig befahren werden.
Saison für die Passagierschiffahrt sind die Monate Mai bis September.
Folgende Reedereien bieten ihre Dienste an:

Bundesrepublik Deutschland
Zwischen Regensburg und Passau wird von der Firma Ludwig Wurm KG die kleine Schiffahrt unterhalten. Außerdem unternehmen rumänische, ungarische und russische Schiffe gelegentlich Rundfahrten im Bereich Passau.

Österreich
Die Erste Donau-Dampfschiffahrts-Gesellschaft (DDSG) betreibt im Streckenbereich Passau—Linz—Wien den fahrplanmäßigen Betrieb und darüber hinaus werden mit dem Motorfahrgastschiff „Theodor Körner" Fahrten bis zum Eisernen Tor bzw. bis zum Schwarzen Meer veranstaltet.

Tschechoslowakei
Die Tschechoslowakische Donau-Schiffahrtsgesellschaft (CSPD) betreibt zwischen Preßburg (Bratislava) und Wien einen Linienverkehr mit Tragflügelbooten. In Gemeinschaft mit der DDSG verkehren diese Boote auch stromaufwärts bis in die Wachau.

Ungarn
Die Ungarische Donau-Schiffahrtsgesellschaft MAHART unterhält gleichfalls mit Tragflügelbooten („Siraly") den Linienverkehr Budapest— Wien— Budapest.
Außerdem wird innerhalb Ungarns ein fahrplanmäßiger Schiffahrtsbetrieb aufrechterhalten, wobei die Strecke Budapest—Esztergom—Budapest befahren wird.

Jugoslawien
Die Jugoslawische Donauschiffahrt betreibt nur die Güterschiffahrt. Mit Tragflügelbooten der Typen „Raketa" und „Meteor", letzteres verfügt über 130 Plätze, wird von Beograd bis zum Eisernen Tor ein fahrplanmäßiger Verkehr aufrechterhalten.
Dieser wird von der Firma General Tours betrieben.

Rumänien
Die Rumänische Schiffahrt hat innerhalb der Landesgrenzen einen Linienverkehr. Darüber hinaus werden mit den Schiffen „Oltenita" und „Carpati" Pauschalreisen von Wien bis Hirsova, mit Anschlußreisen nach Mamaia an die Schwarzmeerküste, veranstaltet.

Bulgarien
Bulgarien verfügt über einige Personenschiffe, die jedoch für den internationalen Verkehr nicht von Bedeutung sind.

Sowjetunion
Die Sowjetische Donau-Schiffahrts-Gesellschaft (SDP) unterhält mit den 4 Kabinenschiffen „Amur", „Dunaj", „Dnjepr", und „Wolga" den fahrplanmäßigen Verkehr im Streckenbereich Wien—Schwarzes Meer. Seit 1974 werden sogar fahrplanmäßig Reisen ab Passau veranstaltet. Nähere Details sind im SDP-Fahrplan enthalten.
Die Fahrpläne dieser Gesellschaften liegen jeweils ab März auf und sind über die Reisebüros erhältlich.

Lichter und Signale
(dazu Schautafel auf Umschlagrückseite)

Von Regensburg bis zum Schwarzen Meer ist die Donau durchgehend mit Fahrwassermarkierungen versehen. Es handelt sich um schwimmende und um feststehende Zeichen.

Auf der rechten Seite liegen rote zylinderförmige Tonnen und rote Leuchttonnen mit rotem Blitzfeuer, auf der linken Seite schwarze Spitztonnen und Leuchttonnen mit grünem Blitzfeuer. In Abschnitten mit reißender Strömung können die Tonnen durch entsprechend angestrichene Schwimmer (Schwimmstangen aus Holz) ersetzt sein.

Die feststehenden Uferzeichen tragen Leuchtfeuer mit roten (rechtes Ufer) bzw. grünen (linkes Ufer) Lichtblitzen. Sie zeigen jene Stellen an, wo sich das Fahrwasser dem jeweiligen Ufer nähert oder an diesem entlangführt. Neben diesen „Richtzeichen" gibt es besondere Übergangszeichen, die Beginn und Ende des Überganges des Fahrwassers vom einen zum anderen Ufer anzeigen. Hinweispfeile geben die Richtung an, in der sich das Fahrwasser vom jeweiligen Ufer entfernt. Befeuerung der Übergangszeichen: gelbe Doppelblitze am rechten, einfache gelbe Blitze am linken Ufer.

Maschinengetriebene Schiffe an der Spitze eines Schleppverbandes führen einen oben und unten mit je einem schwarzen und weißen Streifen eingefaßten gelben Zylinder als Tagbezeichnung — nachts zwei weiße Topplichter übereinander. Schubverbände führen als Nachtzeichen drei starke weiße Topplichter in der Anordnung eines gleichseitigen Dreiecks, außerdem Seitenlichter auf dem breitesten Teil des Verbandes, möglichst nahe beim schiebenden Fahrzeug. Das Schubschiff führt drei weiße Lichter anstelle eines gewöhnlichen Hecklichtes. Sie müssen nebeneinander im Abstand von etwa 1,25 m auf gleicher Ebene liegen.

Ein blaues gewöhnliches Licht signalisiert die Beförderung bestimmter feuergefährlicher Stoffe, ein rotes Licht die Beförderung bestimmter explosionsgefährlicher Stoffe. Die Art, wie diese Lichter von Remorkören und Schubschiffen geführt werden, geht aus der Farbtafel der Umschlagrückseite hervor.

Beim Begegnen müssen die Bergfahrer unter Berücksichtigung der örtlichen Umstände und des übrigen Verkehrs den Talfahrern einen geeigneten Weg freilassen. Wenn diese an Steuerbord vorbeifahren sollen, wird eine hellblaue Flagge auf dieser Seite des Bergfahrers geschwenkt oder ein starkes Funkellicht gezeigt. (Weitere Angaben siehe Donauschiffahrtspolizeiverordnung — DonauSch PVO) vom 18. März 1970.

An besonderen Strom-Engstellen (Schlögener Schlinge/Österreich, Kazan-Paß/Katarakte) regeln besondere Signalstationen (Avisos oder Wahrschauen) den Schiffsverkehr durch jalousieartig auf- und zuklappbare Sperr- bzw. Freifahrtzeichen oder durch rot-weiß gefelderte Signalbälle und -flaggen. An zahlreichen anderen Punkten der Donau fungieren Signalmasten (Semaphore) als Avisos. Ihre Zeichen sind so vielfältig, daß sie im Handbuch nachgeschlagen werden müssen.

Wenn maschinengetriebene Schiffe ein „Rondo" machen oder in der Nähe anderer Schiffe ihren Kurs wechseln, müssen sie mit der Dampfpfeife oder dem Typhon Schallsignale geben. Die langen Töne haben 4—6 Sekunden Dauer, sie sind im folgenden durch Striche dargestellt, die kurzen Töne durch Punkte.

Es bedeuten: — Achtung!
. Ich richte meinen Kurs nach Steuerbord
. . Ich richte meinen Kurs nach Backbord
. . . Meine Maschine geht rückwärts
. . . . Ich bin manövrierunfähig
— — Notsignal (wiederholte lange Töne)
— — . . Ich will auf Ihrer Backbordseite überholen
— — . Ich will auf Ihrer Steuerbordseite überholen
. . Ich wende über Steuerbord
— . . Ich wende über Backbord

Bei Nebel, Platzregen, Schneesturm, Sandsturm werden besondere Schallsignale gegeben. Auf stilliegenden Fahrzeugen werden je nach Fahrwasserseite 1—3 Gruppen von Glockenschlägen längstens jede Minute wiederholt. Fahrende Schiffe geben — in Einzelfahrt — jede Minute mindestens einen langen Ton, als Führerfahrzeuge eines Verbandes oder gekuppelter Fahrzeuge jeweils zwei lange Töne. Radar-Talfahrer geben jeweils drei Gruppen von je drei Tönen verschiedener Tonhöhe und ohne Pause zwischen den verschiedenen hohen Tönen.

Donauschiffer-ABC

Anrinnen	Ohne Eigenantrieb stromab fahren, treiben
Aufklampfen	Anhängen eines Schlepps an den Vordermann im Schleppzug
Auslassen	Loswerfen eines Schleppkahnes vom Zugschiff
Betriebsleiter	Leitender Maschinist
Büffel	Poller, Stahlsockel zum Festmachen von Leinen
Convoi	Älterer Ausdruck für die Anhänge eines Zugschiffes
Dumbas	Offene Güterkähne
Gegenwärts	In Bergfahrt befindlich
Getränkt	Vollgeschlagen, untergegangen
Gieß	Ansteigen des Wassers zu hohem Pegelstand, Hochwasserflut
Grad!	Ruderkommando: „Mach grad, Steurer!" Heißt soviel wie mittschiffs, geradeaus
Gransel	Schiffsbug
Haftstöcke	Festmachepflöcke für Schiffe an der „Lände" (s. u.)
Herdan!	Ruderkommando: „Bleib herdan!" auch „herent" heißt: Auf dem diesseitigen Ufer bleiben. Gegenteil: „Bleib hiedan!", steuere aufs jenseitige Ufer
Kassieren	Abwracken eines Schiffes
Lände	Liegeplatz, an dem Schiffe „verheftet" werden
Ländfahren	Mit dem Schiff auf Grund geraten, stranden
Ländfallen	Trockenfallen eines Schiffes durch Abnehmen des Wasserstandes
Lavieren	Mit Hilfe der Maschine und mit gegen den Strom gerichteten Bug langsam stromabwärts treiben oder ohne Fahrt über Grund manövrieren
Magazin	Laderaum eines Donauschiffes
Manipulieren	Manövrieren im Hafen, Verholen der Schiffe
Naufahrt	Hauptgerinne, Talweg der Donau
Nauwärts	stromabwärts, zu Tal
Reiben	Flußkrümmungen
Ruderstand	Steuerhaus der Donauschiffe
Schlangenkopf	Bugspriet, Kran-Galgen für den Hauptanker, der vor dem Steven hängt. War einst auf den hölzernen Schiffen wirklich kunstvoll zu einem Schlangenkopf geschnitzt
Schnürleine	Stahlleine zum Verholen (Manipulieren) eines Schiffes
Second-Capitain	1. Offizier, Kapitänsstellvertreter und Zahlmeister
Sondieren	Loten mit der Sondierstange (Peillatte)
Stegläden	Laufplanke, Gangway
Steuerleute	Schiffsführer der „Schlepps" (Schleppkähne)
Traverse	Buhne, Bestandteil der Uferbefestigung
Über zwerch	Quer zur Stromrichtung liegen
Verheftet	Festgemacht; meist „verheftet" an der Lände liegen (s. o.)
Vierpfluganker	Der übliche Draggen-Anker der Donauschiffahrt
Wegrondo	Abdrehen des Schiffes aus der Berg- in die Talfahrtrichtung
Wetterhäuserl	Die beiden geschützten Kommandostände neben dem Ruderstand, an den Enden der Kommandobrücke. Sie enthalten je einen Maschinentelegrafen, ein Fußpedal für die Dampfpfeife und das Steuerrad für den Suchscheinwerfer der betreffenden Schiffsseite
Zille	Das Beiboot und Rettungsboot der Donauschiffe
Z'sammbandeln	Rangieren und Zusammenstellen des Schleppzuges
Zufahren	Anlegen, Heranscheren ans Ufer
Zukoppeln	Längsseitnehmen, „Schwabeln"

Fische im Donaustrom

Die Donau und das Gros ihrer Nebenflüsse sind sehr fischreich. Im gesamten Donaugebiet kommen etwa 70 Fischarten vor. Die Fischerei hat vielerorten noch große wirtschaftliche Bedeutung, sogar als Haupterwerbszweig (Fischerdörfer auf der Kleinen Schütt, der Insel Ostrov, im Gebiet von Orsova, Fischerstadt Wilkowo im Donaudelta) der dortigen Bevölkerung. Die Donau verbindet die west- und die osteuropäische Flußfauna miteinander. In dem vorwiegend gebirgigen Oberlauf trifft man westliche

Fischarten, während uns unterhalb von Wien oft Fischarten begegnen, die ebenso in Dnjestr, Dnjepr, Don und Wolga vorkommen.
Der Gefräßigste unter den Donaufischen ist der mächtige *Wels oder Waller*, der über 3 m lang und 300 kg schwer werden kann. Er verschlingt ganze Enten und Gänse, ja man hat schon mal einen ganzen Pudel in einem Welsmagen gefunden. Nach einer alten Chronik wurde in Regensburg sogar mal ein Exemplar gefangen, das ohne Eingeweide 7,5 Zentner wog. Welsfänge auf der mittleren und unteren Donau heute noch bedeutend. Wohlschmekkendes Fleisch, Rogen auch zur Kaviarverarbeitung geeignet.
Bis zu 5,5 Meter lang kann der zweite Donau-Großfisch werden, der allerdings nur von April bis Juli zum Laichen in den Delta-Armen aufsteigt. Es ist der relativ seltene, vor allem zur Gewinnung der edelsten Kaviarsorte so begehrte *Stör* (Acipenser sturio). Er liefert den hellgrauen, mild gesalzenen (d. h. Malossol-) Astrachan-Kaviar. Auch das Fleisch des Störs ist eine erlesene Delikatesse.

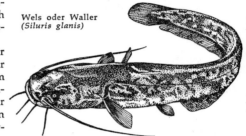

Wels oder Waller
(*Siluris glanis*)

Ein häufig vorkommender Verwandter des Störs ist der *Sterlet* oder Stierl, der im ganzen Donaustrom bis hinauf nach Linz, vereinzelt gar bis nach Ulm angetroffen wird. Dieser wichtige Kaviar-

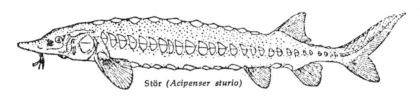

Stör (*Acipenser sturio*)

fisch der mittleren Donau (Ostrov, Orsova) wird bis zu einem Meter lang. Ebenfalls zur Störfamilie gehört der selten gewordene riesige *Hausen*, von dem früher Einzelexemplare bis zu 9 m Länge gefangen wurden und der heute noch als Lieferant des Beluga-Kaviars begehrt ist. Aber auch der *Glattdick*, ein reiner Donaufisch, gehört zu den Stören im weiteren Sinne.
Der echte Lachs oder Salm fehlt in der Donau völlig. Dafür kommt der *Huchen oder Donaulachs* — als Verwandter des Salm — fast im ganzen Donaugebiet und in allen rechten sowie einigen linken Nebenflüssen vor, wenngleich sein Bestand merklich zurückging. Den Huchen gibt es nur im Donaugebiet. Es ist ein sehr geschätzter Speisefisch, der an der Sportangel hartnäckige Kämpfe liefert. Huchen können bis zu 1,2 m lang und einen halben Zentner schwer sein.
Unter den großen Donaufischen muß auch die aalähnlich lange *Rutte oder Quappe* erwähnt werden. Sie erreicht Längen bis zu einem halben Meter.

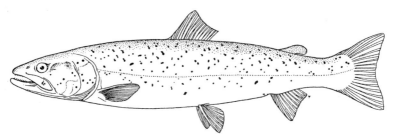

Huchen *(Salmo hucho)*

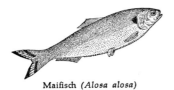

Maifisch *(Alosa alosa)*

In der Donau sind zwei Arten des bekannten *Zanders* verbreitet — der *Schill* sowie seine osteuropäische Art, der Wolgazander oder *Steinschill*. Dieser liefert den roten Kaviar.
Der wilde Karpfen — schlanker als sein Artgenosse aus den Teichen — ist als *Donaukarpfen* ein begehrter, gar nicht mal seltener Fisch. Auch der *Hecht* ist fast auf allen Donauabschnitten anzutreffen.
Im Quellgebiet und Oberlauf werden die köstlichen *Forellen*, ferner *Äschen*, *Saiblinge* und *Koppen* gefangen.
Brachse und *Barsch* sind fast über den ganzen Strom verbreitet. Doch sollen auch *Steingreßling* (Gräßling), *Mairenke* oder *Schiedling*, *Zobel* und *Laube* (bei beiden werden die Schuppen zur Bereitung von Perlessenz verwendet), *Zope* oder *Pleinzen*, *Nase* oder *Schwallfisch* (besonders häufig), *Strömer*, *Barbe*, *Ziege* oder *Sichling*, *Schräzer*, *Zingel* oder *Zint* (recht wohlschmeckend), *Streber* oder *Zagel*, *Aitel* oder *Döbel*, *Rußnase* oder *Zährte*, *Schied* oder *Rapfen* (auch als Räuberfisch), *Nerfling* oder *Donauerfling* und der im Balkangebiet vorkommende, ungenießbare *Bitterling* erwähnt werden.
Auch eine Heringsart lebt im Bereich der unteren Donau: Der *Maifisch* oder Alsen. Im Mai, zur Laichzeit, steigt er stromaufwärts. Ihm gilt eine besondere Fangsaison. Sein zartes Fleisch ist geräuchert sehr lecker.
Interessant ist, daß der im Donaugebiet seltenere *Aal* ursprünglich dort überhaupt fehlte. Er wurde dort jedoch ausgesetzt, und seitdem wandern die Aale auch vom und zum Donaustrom, als seien sie dort heimisch.
Die häufigste Fischfangart der Donau ist die mit Hand- oder Kran-Taublern. Das sind quadratische Netze verschiedener Größe, die an zwei sich kreuzenden Bügeln hängen und als Hebenetz funktionieren. Diese Fangart wird auch von Sportfischern ausgeübt. Besonders im Wiener Gebiet sieht man zahlreiche pontonartige Taubler-Zillen am Ufer liegen, die zumeist gleich als schwimmendes Wochenendhaus dienen. Unterhalb der Katarakte sieht man den Fischfang mit dem Löffel- oder Schöpfnetz. In den Nebenarmen und den amphibischen Gebieten der unteren Donau wird der Fischfang auch mit Stellnetzen und Reusen betrieben.

Geflügelte Anwohner

Für Ornithologen ist die Donau von besonderem Reiz. Die Vielgestalt ihrer geographischen und klimatischen Zonen führt uns nicht nur west- und osteuropäische, sondern zugleich sogar afrikanische Vogelarten vor. So hat das Donaudelta subtropischen Charakter, mit ausgesprochen innerafrikanischer Fauna.
Weitläufige Auenlandschaften wie das Marchfeld bei Wien, die Schütt-Inseln unterhalb von Preßburg, die Pußta und Batschka, vor allem die Tiefebenen Rumäniens sind Nistgebiete und Tummelplätze zahlreicher Raubvogelarten. *Bussard, Adlerbussard, Habichtsadler, Storch, Geier, Milan, Seeadler* und *Fischadler, Rohr-, Steppen-* und *Kornweihe, Kraniche* und *Kormorane* sind an der Donau zu Hause und können fast alle bis ins österreichische Gebiet hinauf beobachtet werden. Sehr häufig ist, zumal an der unteren Donau, der *Graue Reiher*. Aber auch der *Löffel-*, der *Fisch-*, der *Schopfreiher* und die *Große Rohrdommel* sind Donau-Anwohner, ebenso der leider selten gewordene schneeweiße *Edel-* oder *Silberreiher* sowie sein mittelmeerischer Verwandter, der *Nachtreiher*.
An der unteren Donau, zumal im Delta, sind „Reiherbäume" ein besonderes Merkmal der Landschaft. Da die Reiher vorzugsweise in Flußnähe auf Bäumen nisten, werden diese Nistbäume allmählich über und über mit dem stark ätzenden Reiher-Kot bedeckt und zum Absterben gebracht.
Der Artenreichtum der Sumpf- und Wasservögel des Donauraumes hat nirgendwo in Europa seinesgleichen. So sind auch nahezu alle europäischen Entenvögel im Donauraum zu sehen, darunter südosteuropäische Gattungen: die *Marmelente*, die *Ruder-* und die *Sichelente* sowie die *Rostgans*. Auch die *Donau-* und *Eisente* seien — neben den häufigen *Bläßhühnern* — erwähnt.
Möwen, vor allem *Lachmöwen*, sind fast überall auf den Donau-Kiesbänken und Inseln zu sehen, auch die *Binnen-*, die *Lachseeschwalbe* und die *Brachschwalbe*, der *Fluß-* und der *Seeregenpfeifer*, die *Maskenstelze*, der *Blaßspötter* und der sonst wohl nur am Nil beheimatete *Sporenkiebitz*.
Im Donaudelta, teils auch in den Baltas, sehen wir in großer Zahl *Ibisse*, von denen es zwei Sorten gibt: die schwarzen *Sichler* und die weißen *Löffler*.

Links: Sichler *(Plegadis falcinellus)*,
rechts: Löffler *(Platalea leucorodia)*

Fischreiher *(Ardea cinerea)*

Europäischer Eisvogel
(Alcedo atthis)

Große Rohrdommel
(Botaurus stellaris)

Kormoran
(Phalacrocorax carbo)

Großtrappe *(Otistarda)*

Flamingo *(Phoenicopterus roseus)*

Kraniche:
1 Kranich *(Grus grus)*
2 Kronenkranich *(Balearica pavonina)*

Eigenartig fremd muten im Delta die afrikanischen *Pelikane* an (Gattung P. onocratulus). Aber selbst der *Flamingo* (und zwar in der Gattung Phoenicopterus roseus) kommt dort vor.

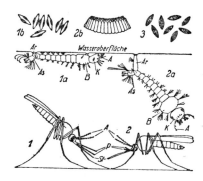

1 Malariamücke *(Anopheles)*, Weibchen, 1a Larve, 1b Eier; 2 Hausmücke *(Culex)*, Weibchen, 2a Larve, 2b Eier; 3 Eier von *Aëdes*. A Fühler, Ar Atemrohr, As Analsegment, B Brust, K Kopf, P Palpen, St Stechrüssel (nach Marshall)

Da aus Raumgründen leider das Eingehen auf die zahlreichen anderen Tierarten der Donaulandschaft gar nicht möglich ist — im Donauraum leben z. B. noch Bären, Wölfe und Luchse! — sollen wenigstens zwei charakteristische Insektenarten beschrieben werden.

Im Gebiet der Theiß-Mündung finden an vier Abenden des Jahres, zwischen Ende Mai und Mitte Juni, die Hochzeit von aber Milliarden Eintagsfliegen statt. Die Masse dieser *Theißfliegen* (Tisza virag) ist so gewaltig, daß Schiffsdeck und Wasseroberfläche bis zu 10 cm hoch wie von Schnee bedeckt erscheinen, sobald die milchweißen Leiber der verendeten Tiere aus den Schwarmwolken herabgefallen sind. Die Fische fressen sich rundum satt, sogar die Schweine aus den Theißdörfern gehen deshalb ins Wasser. Kurz vor seinem Tod hat jedes Fliegen-Weibchen ein Bündel von 800—1000 Eiern ins Wasser gelegt. Die daraus ausschlüpfenden Larven leben drei Jahre lang in Schlamm und Wasser, bis sie sich am Ende ihres Lebens für wirklich nur einen Tag — zur Hochzeitsfeier — in ein geflügeltes Insekt verwandeln.

Unter den zahlreichen Mückenarten, vor allem des Donau-Unterlaufes, ist die in den Baltas und im Delta vorkommende *Anopheles* oder Malaria-Mücke bemerkenswert. Bei Landausflügen in die Sumpfgebiete sind Chinin und die Mitnahme von Moskitonetzen ebenso anzuraten wie in Afrika.

Im Dämmer der Geschichte

Prähistorische Funde im Greiner Struden haben die Vermutung bestätigt, daß es schon im Neolithikum (7000—5000 v. Chr.) einen Schiffsverkehr auf der Donau gegeben hat. Einzelheiten bleiben bis auf weiteres im Dunkel der Geschichte verborgen.

Auch über die früheste Besiedlung des Donauraumes hat man nur fragmentarische Kenntnisse. Man weiß, daß auf dem Marchfelde bei Wien Mammutjäger gelebt haben. Und an den Ufern alpiner, österreichischer und ungarischer Seen haben nachweislich Pfahlbaubewohner gelebt, die noch dem Diluvium zuzurechnen sind.

In der Gudemushöhle, im Tal der Krems — eines österreichischen Donau-Nebenflusses — wurden Zeugen des Höhlenzeitalters, der ältesten Steinzeit gefunden. Später diente gerade das Donautal in besonderem Maße als Ausbreitungszone der neu aufkommenden Bronzezeit-Kulturen. Auf dem Gebiet

des heutigen Ungarn wurden besonders schöne, aufschlußreiche Funde aus dieser Epoche gemacht.
Beim Donaufeldzug des Perserkönigs Dareios oder Darius (513 v. Chr.) traten die Geten und die Skythen namentlich in die Geschichte. Die Geten waren eine alte thrazische Völkerschaft zwischen Balkan und Donau, später Dnjestr und Donau. Die Skythen (Szythen) wohnten vor allem im Gebiet der Donaumündung. Sie hatten dem Darius eine Schlappe bereitet.
Auch Alexander der Große hat einen Donaufeldzug geführt, und zwar gegen die indogermanischen Thraker und Triballer. Schließlich gründeten die Griechen in Thrakien und südlich des Donaudeltas ihre Koloniestädte (7. Jh. v. Chr.). Doch die ganze bekannte Geschichte hindurch gerieten immer wieder ganze Völker des Donauraums durch den Druck asiatischer Stämme gen Westen in Bewegung — wie andererseits später, in der Völkerwanderung, Germanenstämme nach Osten. Fast immer war dabei das Donautal ihre Treck- und Heerstraße.
Unmöglich wäre es, die Völker auch nur aufzuzählen, die noch vor Römerzeiten am Donaustrome gesiedelt hatten. Sarmaten, Agathyrsen, Krobizen, Tirzen, Skymiaden, Boier, Taurisker sind nur einige von ihnen.
In großem Maße geschichtsbestimmend wurden aber an der oberen Donau die Kelten Illyriker (Illyrer) und Germanen, ferner die sarmatischen Jasygen zwischen Donau und Theiß sowie die schon genannten Thraker im Raum Siebenbürgen-Untere Donau. Als die Römer nach und nach das westliche bzw. südliche Donauufer eroberten, war dort manche Siedlung — meist keltischen Ursprungs — schon vorhanden, wo nachher römische Plätze „gegründet wurden.

In den Tagen der Römer

Das Römische Imperium war die einzige politische Macht der bisherigen Geschichte, die den gesamten Donaustrom vom Quellgebiet bis zur Mündung — wenigstens auf dem rechten Ufer — unter ihrer Herrschaft hatte. An der Altmühl-Mündung, nahe der heutigen Stadt Kelheim, stieß der von Kaiser Hadrian vollendete Donauwall — die Fortsetzung des bekannten „Pfahlgrabens" oder „Limes" — auf den Strom. Von dort an bis ins Gebiet der heutigen slowakischen Stadt Komarno war die Donau Grenzlinie gegenüber „Germania Magna", während auf dem rechten Ufer die römischen Provinzen Vindelizien, Norikum und Pannonien lagen. Vom heutigen Belgrad stromab bis zum Donaudelta — nach der Teilung des besiegten Dakerreiches durch Kaiser Trajan nur noch vom Eisernen Tor an bis zum Flusse Sereth — war die Donau Grenzscheide zwischen Dakien (einen Großteil des jetzigen Rumäniens umfassend) und den römischen Provinzen Ober-Mösien (etwa der heutigen Provinz Serbien entsprechend) und Nieder-Mösien (auf dem Gebiet von Nordbulgarien) bzw. zwischen Dakien und dem römischen Dobrudscha-Distrikt Klein-Skythien.
Unter Kaiser Antonius Pius (138—161 n. Chr.) hatte schließlich das Imperium Romanum seine größte Ausdehnung erreicht. Die mittlere Donau war zeitweilig keine Grenzlinie mehr.

Das halbe Jahrtausend Römerherrschaft hat noch heute sichtbare Spuren hinterlassen. Neben dem Limes sind noch Teile des „Vallum Romanum" oder „Römergrabens" zwischen Donau, Theiß und Maritza zu sehen sowie vom Trajanswall, der vom heutigen Cernavoda (der Römerstadt Tropaeum Trajani) nach Constanza (Constantiana) ans Schwarze Meer verlief. Zwei weitere Grenzwälle mutmaßlich römischer Herkunft, die heute noch nicht gänzlich verschwunden sind, riegelten das Donaudelta nach Norden ab. Sie verlaufen auf dem heute sowjetrussischen Gebiet, das man Bessarabien nennt.

Die Überwachung des Donaustromes besorgten geruderte Liburnen der römischen Donauflotte, außerdem die in gewissen Abständen am Ufer aufgestellten „Specula" oder Spähtürme. An allen strategisch wichtigen Punkten waren römische Standlager und Kastelle angelegt, die sich schließlich zu Siedlungen — sofern es nicht schon keltische waren — entwickelten. Die meisten von ihnen leben in unserer Zeit als Städte weiter: Castra regina = Regensburg, Castra batava = Passau, Lenita = Linz, Arelape = Pöchlarn, Vindobona = Wien, Bregetio = Komorn, Aquincum = Budapest, Altina = Mohács, Singidinum = Belgrad, Durostorum = Silistra... In Römertagen waren allein an der unteren Donau zeitweilig bis zu sechs Legionen stationiert.

Römischer Schlüsselpunkt für den ganzen Strom zwischen Castra regina und Nieder-Pannonien wurde Carnuntum, das stärkste und bestausgebaute germanische Vorwerk Roms. Carnuntum war Vorläufer des heutigen Petronell bei Deutsch-Altenburg (Österreich), nahe der Ungarischen Pforte gelegen. Von Carnuntum aus führte Kaiser Marc Aurel sechs Legionen zum Kampf gegen die Markomannen über die Donau. Sein Heer überquerte den Strom auf einer Pontonbrücke, die auf der Markussäule von Rom abgebildet ist.

Aber schon vor Marc Aurel — er ist 180 n. Chr. in Vindobona gestorben — hatte Kaiser Trajan, der auch eine Straße in die steilen Felswände am Kazan-Paß (s. S. 43) einkerben ließ, eine berühmt gewordene, großartige Brücke über die Donau schlagen lassen. Im Jahre 103, bei Trajans Feldzug gegen die Daker, erbaute sein Architekt Apollodorus von Damaskus eine hölzern verspannte, massive Brücke vom mösischen Ufer zum Castrum Drubeta, dem heutigen Turnu Severin (Rumänien).

Dieses Wunderwerk früher Pionierkunst wurde über 20 hohe Steinpfeiler verlegt, die teilweise noch heute vorhanden sind. Apollodorus Brücke überquerte den Strom in seiner dortigen Breite von 1,2 Kilometern!

Von 74 v. Chr. bis zum Ende des vierten Jahrhunderts nach Christus war die Donau in erster Linie ein römischer Fluß. Auch das Wort Rumänien — entstanden aus „Romania" — erinnert an diese große Epoche. Inmitten der kyrillisch schreibenden Völker Rußlands, Bulgariens und Jugoslawiens haben sich infolge der starken römischen Kulturausrichtung der Staat Rumänien und sein Volk noch immer die lateinische Schrift und eine romanisch abgeleitete Sprache bewahrt.

Doch schließlich hatten die Einbrüche von Alemannen und Goten, haben die Stürme der Völkerwanderung nach und nach das Ende der Römerherrschaft an der Donau herbeigeführt.

„Wer zählt die Völker..."

In der Völkerwanderungszeit stießen germanische Stämme in den Raum beiderseits der oberen Donau vor und siedelten sich dort an. Als Vorläufer dieser Bewegung waren die Goten erschienen, die sich donauabwärts bis zum Schwarzen Meer und zur Krim bewegten. Vandalen, Gepiden, Langobarden, Heruler, Rugier, Alemannen, Bajovarier folgten ihnen in den Donauraum nach.
Aber in der gleichen Epoche der Völkerwanderungen stießen die kerntürkischen Awaren und die Slawen westwärts nach Südosteuropa vor. Als Südslawen fanden letztere später, nach blutigen Kämpfen und Vertreibung durch die Magyaren, auf der Balkanhalbinsel eine endgültige Heimat. Ihre Nachkommen leben dort noch heute: Serben, Kroaten und Slowenen.
Schon vor dem Abzuge der Ostgoten rückte eine mongolische Völkerwanderung*) in den Donauraum vor. Die finnisch-ugrischen Bulgaren stürmten in die Gebiete Kleinasiens, Griechenlands und Thrakiens. Und durch die Bulgaren und Petschenegen aus ihren Wohngebieten südlich des Dnjestr gedrängt, kamen auch die Magyaren — alle drei Stämme gehören zur „uralaltaischen Völkergruppe" wie auch die Finnen und Esten! — über die untere Donau ins heute ungarische Gebiet. Unter Arpád gründeten sie einen Staat, der bald durch Überfälle und Raubzüge in die Nachbarländer von sich reden machte. Erst Otto der Große hat 955 n. Chr. in der Schlacht auf dem Lechfelde diesem Treiben ein Ende gesetzt. Fortan blieben die Magyaren ansässig. Der inzwischen heiliggesprochene König Stephan I. gab ihrem Staat beständigen Charakter. Otto der Große aber besiedelte nach der Lechfeld-Schlacht die obere Donau stärker mit fränkischen Stämmen.
Schon anderthalb Jahrhunderte zuvor hatte Karl der Große Niederösterreich als „Ostmark" seinem Reiche angegliedert. Das Land übernahm die Rolle einer Grenzmark, eines Schutzstaates gegen die Awaren, die später von Kaiser Karl besiegt wurden.
Vom achten nachchristlichen Jahrhundert an kolonisierten die Bischöfe von Regensburg, Passau und Salzburg sowie die bayerischen Herzöge immer weiter donauabwärts. Sie brachten schließlich das Christentum nach Ungarn. Die einstige Ostmark Karls des Großen, aus dynastischen Gründen im Jahre 1156 zur Selbständigkeit erhoben, wuchs zu einem immer stärkeren Staat heran, der eine Epoche lang für ganz Deutschland politisch bestimmend werden sollte. Die Habsburger Kaiser wurden zeitweilig die Regenten des Deutschen und später auch die Oberherren des Ungarischen Reiches.
Doch wenden wir uns noch einmal der Zeit Ottos des Großen zu. Nach der durch ihn erzwungenen Seßhaftwerdung der Magyaren folgten im unteren Donaugebiete langanhaltende Kämpfe zwischen den Bulgaren und dem Kaiserreich von Byzanz, die mit zeitweiliger Einverleibung Bulgariens ins Oströmische Reich endeten. 1018 n. Chr. wurden dessen letzte Reste zerstört. Erst zweihundert Jahre später entstand ein neues Bulgarien, das wiederum nur von kurzem Bestand war und unter türkischer Besetzung endete.

---

*) Über den mongolischen Volksstamm der Hunnen wird Näheres auf Seite 8 erzählt.

Wiener Torwache zur Zeit der Türkenkriege

Aus dem alten Reich der Daker (s. S. 65/66), mit slawisch-sarmatischen Bevölkerungsgruppen und romanischen Nachkommen durchsetzt, hatte sich am Unterlauf des Donaustromes vom 12. Jahrhundert an das rumänische Volkstum entwickelt, das schließlich in den Herzogtümern Moldau und Walachei eigene Staatswesen besaß. Sie wurden später zu e i n e m Staatswesen vereinigt.

Ende des 14. Jahrhunderts brachen die Türken ins Donaugebiet ein und überwältigten nicht nur, wie gesagt, den bulgarischen, sondern auch den gleichfalls noch jungen serbischen Staat.

Im Jahre 1526 wurde der Ungarnkönig Ludwig I. in der Schlacht von Mohács besiegt. Ungarns Reichsheer war vernichtet, der ungarische Staat wurde von den Osmanen (Türken) überrannt. 1529 und 1683 standen deren Heere zeitweilig vor Wien.

Erst anderthalb Jahrhunderte später erfolgte der Gegenschlag: 1686 wurde Ofen (das mittelalterliche Budapest) von den Habsburgern erobert und den Türken entrissen. In einer neuen Schlacht von Mohács — 1687 durch Karl von Lothringen gewonnen — wendete sich das Blatt endgültig, und 1718 rückte Prinz Eugen als Sieger auch in Belgrad ein. Es folgte der Frieden von Passarowitz, der zugleich den endgültigen Aufstieg der Habsburger Monarchie einleitete. Das war zugleich der Beginn einer verstärkten deutschen Besiedlung der Batschka und des Banat.

Nach der Schlacht von Königgrätz wurde Preußen im Deutschen Reich der vorherrschende Faktor. Das Habsburger Kaisertum wandte sich daraufhin — von Wien aus — verstärkt dem Donauraume zu. Bis zu seinem Zerfall (am Ende des ersten Weltkrieges) bestimmte der Vielvölkerstaat der österreichisch-ungarischen (k. u. k.) Doppelmonarchie weitgehend das politische Bild des großen Stromes.

Donau-Monitore, Flußpanzerschiffe: Symbole für die politische Unruhe dieses Stromes. Dieses rumänische Miniatur-Schlachtschiff hatte 680 t Wasserverdrängung, sechs Geschütze - davon drei vom Kaliber 12 cm - und zwei MG's. Es wurde im zweiten Weltkrieg versenkt.

Mosaik der Donauländer

Auf ihrem Wege vom Schwarzwald zum Schwarzen Meer durchfließt die Donau a c h t Staaten. In ihrer Reihenfolge, stromabwärts aufgezählt, handelt es sich um Deutschland, Österreich, Tschechoslowakei, Ungarn, Jugoslawien, Rumänien, Bulgarien und UdSSR. Im folgenden wird jedes der Donau-Anlieger-Länder nach dem Stande von 1973 kurz skizziert:

Deutschland

Eigene Donaustrecke 627 km lang, davon 209 km bedingt und weitere 156 km voll schiffbar. Haupthäfen: Regensburg, Deggendorf, Passau. Donaugrenze mit Österreich 21 km lang.
Deutschland, als das europäische Herzland, hat in seinen Grenzen von 1937 eine Bodenfläche von 471 830 qkm. Seit 1945 ist das Land von den Siegermächten des zweiten Weltkrieges besetzt und in einen westdeutschen, einen mitteldeutschen Staat und die polnisch verwalteten Ostprovinzen aufgeteilt, die durch die Verträge von Moskau und Warschau als abgeschrieben betrachtet werden.
Die „Deutsche Demokratische Republik" hat rund 17 Millionen Einwohner, Regierungssitz ist Ost-Berlin. Das Staatsgebiet umfaßt eine Fläche von 108 178 qkm.
Die „Bundesrepublik Deutschland" — sie ist der Donau-Anlieger-Staat — ist 248 577 qkm groß und hat rund 61 Millionen Einwohner. Regierungssitz ist Bonn. Der föderative Staat besteht aus zehn Bundesländern.
Deutschland ist insgesamt in erster Linie ein Industriestaat. Als Produzent von Steinkohle, Eisen und Stahl steht es in der Spitzengruppe, außerdem in der chemischen, der metallverarbeitenden, der elektrotechnischen, der Textil- und der Schiffbauindustrie, Feinmechanik, Optik, Leder-, Papierfabrikation, im graphischen Gewerbe sowie in der Glas-, Porzellan- und Spielzeugherstellung. Viehzucht, Milchwirtschaft, Ackerbau, Forstwesen und Fischerei sind allerdings hochentwickelt, ebenso das Verkehrswesen. Deutschlands Wirtschaft hat auf dem Weltmarkt einen hohen Rang. Alle Gewerbezweige aufzuzählen, wäre unmöglich.

Österreich

Eigene Donaustrecke 364 km lang, Donaugrenze mit Deutschland 21 km. Landesgrenze Deutschland-Österreich beim Kraftwerk Jochenstein. Österreichisch-tschechoslowakische Grenze am linken Ufer an der Marchmündung/ Felsen von Theben, rechtsufrig bei Stromkilometer 1872,5, d. h. 12 km unterhalb Hainburg. Haupthäfen: Linz, Krems, Wien.
Der Bundesstaat Österreich besteht aus neun Ländern und ist 83 850 qkm groß. Er hat 7,45 Millionen Einwohner. Seine Hauptstadt Wien ist Verkehrsmittelpunkt und Kulturzentrum von europäischer Bedeutung. Wien hat 1,614 Millionen Einwohner.
Österreich ist ein echtes Alpenland; Haupterwerbsquelle sind Land-, Alm- und Forstwirtschaft. Wichtiges Fremdenverkehrsgewerbe, hochentwickelte Industrien (Hüttenwerke, Maschinenbau, Elektro-, Fahrzeug-, Metallwaren-, Textil- und Nahrungsmittelfabriken). Im Bergbau steht die Gewinnung von

Eisenerz an erster Stelle, außerdem Braunkohlen-, Bauxit- und Magnesitgewinnung. Erdölgewinnung (hauptsächlich auf den Zistersdorfer Ölfeldern) 1973 = 2,6 Millionen Tonnen. Die Gesamtvorkommen werden auf 30 Millionen Tonnen geschätzt.
Hauptausfuhr: Maschinen, Verkehrsmittel, Papier, Metall- und Fertigwaren, sowie Rohstoffe.
Nach Zerfall der k.u.k.-Monarchie des Hauses Habsburg 1919 Friedensvertrag von St. Germain, der Österreich im heutigen Umfange zur selbständigen Republik erklärte. 1938—45 dem Deutschen Reich angeschlossen, seitdem erneut separat.

Tschechoslowakei (jetzt CSSR)
Eigene Donaustrecke nur 22 km lang, weitere 160 Stromkilometer sind Grenzstrecke zwischen CSSR und Ungarn. Linksufrige Landesgrenze gegenüber Ungarn an der Eipel-(Ipoly-)Mündung (km 1708); rechtsufrige bei Rajka (km 1859). Haupthäfen: Preßburg, Komarn.
Die jetzige Volksrepublik Tschechoslowakei ist 127 876 qkm groß und hat ca. 14,5 Millionen Einwohner. Hauptstadt ist Prag mit ca. 1,103 Millionen Einwohner. Der Staat ist in Böhmen und Mähren von Tschechen, im Osten vorwiegend von Slowaken bewohnt. Donau-Anrainer ist der Landesteil Slowakei, deren größte Stadt Preßburg (Bratislava) ca. 291 000 Einwohner zählt. Im Staate CSSR gibt es auch magyarische, polnische und deutsche Minderheiten.
Acker- und Forstwirtschaft stehen an erster Stelle (Getreide, Zuckerrüben, Hopfen, Kartoffeln, Obst- und Weinbau, Vieh- und Bienenzucht). Dem Waldreichtum entsprechend zahlreiche Möbel-, Zellulose- und Papierfabriken. Überdies Hochofenwerke, Maschinen-, Automobil- und Flugzeugbau, Textil-, Schuh-, Glas-, Porzellan- und chemische Industrie, Bau von Musikinstrumenten. Reiche Stein- und Braunkohlenlager, Eisenerze, Gold, Silber, Blei Pyrit, Antimon, Graphit, Uran, etwas Erdöl, Salzbergbau, Thermalquellen.
Hauptausfuhr: Maschinen und Fahrzeuge, Textilien, Glas, Leder, Kohlen, Holz, Zucker.
Staatsgründung erst 1918 aus nördlichen Teilen der österreichisch-ungarischen Monarchie. Seit 1948 kommunistische Volksrepublik.

Ungarn
Eigene Donaustrecke 275 km lang, von der Eipel-Mündung (km 1708) bis unterhalb Mohács (km 1433). Außerdem 160 km lange Grenzstrecke CSSR-Ungarn. Haupthäfen: Komarom, Györ, Almásfüzitö-Szöni, Budapest, Dunaujvaros, Mohács.
Die jetzige Volksrepublik Ungarn ist 93 030 qkm groß und hat 10,4 Millionen Einwohner — fast ausschließlich Magyaren. Die Hauptstadt Budapest (1,9 Millionen Einwohner), ist Hafen-, Industrie- und Werftstadt von Rang.
Hauptsächlicher Erwerb: Landwirtschaft und Viehzucht (Weizen, Mais, Gerste, Kartoffeln, Paprika, Tomaten, Zuckerrüben, Tabak, Sonnenblumen, Weinbau) und Viehzucht (Schweine, Rinder, Pferde, Geflügel). Hütten-,

Donau-Anrainerin ist die Ukrainische SSR (Sozialistische Sowjet-Republik), die ihrerseits eine Bodenfläche von 603 700 qkm umfaßt und 47,14 Millionen Einwohner zählt. Ihre Hauptstadt ist Kiew (1,63 Millionen Einwohner). Der an die Donau angrenzende Landesteil heißt geographisch Bessarabien. Dieser Name umfaßt das Gebiet Pruth - Dnjestr - Untere Donau. In Bessarabien dominiert die Landwirtschaft (Winterweizen, Mais, Sonnenblumen, Wein, Vieh, vor allem aber Gemüseanbau). Ferner vorhanden Werft- und Konserven-Industrie, Fischfang, Kaviargewinnung (Wilkowo). Hauptausfuhr aus dem sowjetischen Donau-Schwarzmeer-Gebiet: Erze, Erdöl, Steinkohle, Flachs, Gemüse, Zellulose, Delta-Schilf.
Bessarabien hat eine bewegte Geschichte. Phönizier, Griechen, Genueser, Venetianer hatten dort einst Niederlassungen, Römer und Goten beherrschten nacheinander den Südteil des Landes, das danach unter byzantinische Oberhoheit, dann in den Besitz der rumänischen Moldau-Fürsten, schließlich unter türkische Herrschaft kam. 1770 Eroberung von Teilen des Landes durch russische Truppen, 1790 Eroberung der Festung Ismail und des restlichen Landes unter General Suworow. 1878 Bessarabien durch Berliner Kongreß Rußland zugesprochen. 1920—40 von Rumänien annektiert, dann Besetzung durch UdSSR, 1941—44 rumänische Wieder-Annexion und deutsche Kriegsbesetzung. Seit 1944 erneut UdSSR.

Ein Währungslotse

Die Donau führt also durch acht Länder Europas. Wer sie in ihrer ganzen Ausdehnung bereist, der wird bald mit dem Durcheinander von Landeswährungen in seinem Portemonnaie einigen Kummer haben — zumal, abgesehen von der UdSSR, in den Ostblockländern das Zurückwechseln unverbrauchter Geldbeträge in Devisen nicht statthaft ist. Die in Südosteuropa geltenden Währungseinheiten mit ihren dazugehörigen Wertbegriffen sind dem Ausländer wenig bekannt. Darum seien sie im folgenden kurz aufgezählt.

Diese Wertrelationen galten nicht für die sogenannte mittlere Verrechnung im internationalen Warenverkehr, sondern — nach dem Stand vom Mai 1974 — für die Wechselkurse im Touristenverkehr. Diese beiden Verrechnungsarten sind nicht miteinander identisch und überdies Schwankungen unterworfen. Sie müssen jeweils an Ort und Stelle aktuell erkundet werden. Wohl aber gibt diese kleine Übersicht einen Begriff von den Verhältnissen der einzelnen Geldarten, auch im Vergleich zueinander:

Deutschland (Bundesrepublik)
   1 Deutsche Mark = 100 D-Pfennige   2,60 Deutsche Mark = 1 US-Dollar
Österreich
   1 Schilling = 100 Groschen   1 Schilling = 14,2 D-Pfennige
Tschechoslowakei (CSSR)
   1 Krone = 100 Haleru   1 Krone = 21,5 D-Pfennige
Ungarn
   1 Forint = 100 Fillér   1 Forint = 11,2 D-Pfennige
Jugoslawien
   1 Dinar = 100 Para   1 Dinar = 17,0 D-Pfennige
Bulgarien
   1 Lew = 100 Stótinki   1 Lew = 18,9 D-Pfennige
Rumänien
   1 Leu (Lei) = 100 Bani   1 Leu = 1,6 D-Mark
Sowjetunion (UdSSR)
   1 Rubel = 100 Kopeken   1 Rubel = 3,3 D-Mark

Ausklang und Ausblick

Turbulente Jahrtausende gingen über diese Heer- und Handelsstraße Donau hinweg. Aber zu allen Zeiten und nach jeder Katastrophe hat der Strom seine alte Anziehungskraft von neuem bewiesen. Seit je hat gerade die Donau Gegensätze und Grenzscheiden zu überwinden vermocht, denn keine der Mächte in ihrem Raum konnte je diesen Schiffahrtsweg und seine wirtschaftliche Schwerkraft entbehren — weder die Römer noch die Kreuzfahrer oder die Türken. Und blicken wir uns heute um ... trotz der Friedhofsruhe, die zuerst jahrelang über dem Strom gelegen hat: Mit Macht bahnen sich alte, gut eingespielte Wirtschaftswege wieder ihren Weg über die Donau. Schwefelkies aus Zypern, Erze aus Kriwoi Rog, Baumwolle aus Ägypten, jugoslawisches Bauxit, Öl aus Ploesti oder vom Schwarzen Meer schwimmen den Strom hinauf und Ruhrkohlen, deutsche, österreichische, tschechische, ungarische Fertigwaren stromabwärts.

Für die Schiffe und ihre Besatzungen ist die Donau längst wieder e i n Strom — mag sich auch manches in den letzten anderthalb Jahrhunderten gewandelt haben. Und ebenso der Schiffspassagier, der — unter welcher Flagge auch immer — von Wien zum Schwarzen Meer hinunterreist, erlebt Königin Donau als ein Ganzes. Damit erfüllt der Strom eine hohe Mission, denn er verknüpft zwei Hemisphären unserer zwiespältig gewordenen Welt. Es liegt ein Trost darin, daß beide Welthälften längst stillschweigend übereingekommen sind: ohne den Donaustrom geht es eben nicht. Jeder braucht ihn — wie auch den Güteraustausch und den internationalen Transport, trotz mancher Devisen- und Transferschwierigkeit.

Das in der gleichnamigen rumänischen Stadt erbaute Fahrgastschiff „Oltenita" hat 1961 den internationalen Passagierdienst Wien—Giurgiu—Wien eröffnet. Das Schiff ist 83,3 m lang und 14,8 m breit und hat eine Wasserverdrängung von 813 t.

Die Länder Südosteuropas waren lange unserem Bewußtsein und Augenschein entrückt. Jetzt öffnen sich wieder Wege zu ihnen. So vermittelt uns die Donau manche neue, vielleicht unvermutete Perspektive. Schiffe verschiedener Länder, ja „Welthälften" fahren oft in e i n e m Schleppzug zusammen — ihre Besatzungen sprechen ohnehin meist mehrere Sprachen, wie es seit eh und je donauüblich ist. Das Gemeinsame blieb auf diesem Strom immer stärker als alles, was hätte trennend sein können. Nun, in Schillers

Maschinenbau-, Textil-, chemische Industrie. Geringe Bodenschätze: Uran, Steinkohlen, Bauxit, Eisen, Erdöl.
Hauptausfuhr: Maschinen und Industriegüter, Bergbauprodukte (Bauxit), Getreide, Textilien.
Ungarn in seinen heutigen Grenzen entstand 1920 durch Friedensvertrag von Trianon, nach Abtrennung von zwei Dritteln des ehemaligen ungarischen Staatsgebietes. Fortan wohnten 3,3 Millionen Magyaren außer Landes. Die einstige Donaustrecke Ungarns war 971 km lang, die seitherige nur noch 493 km! Das Land ist seit 1952 kommunistische Volksrepublik.

Jugoslawien

Eigene Donaustrecke 358 km lang, weitere 229 km sind Grenzstrecke zwischen Jugoslawien und Rumänien. Jugoslawische Grenzkontrolle für diesen Teil (Kataraktenstrecke) ist Veliko Gradiste. Linksufrige Grenze Jugoslawien-Rumänien an der Nera-Mündung (km 1075), rechtsufrige Grenze Jugoslawien-Bulgarien an der Timok-Mündung (km 846). Haupthäfen: Vukovar, Novi Sad, Belgrad, Smederevo, Prahovo.
Die jetzige Föderative Volksrepublik Jugoslawien (6 Bundesrepubliken) ist 255 804 qkm groß und hat ca. 20,5 Millionen Einwohner. Hauptstadt ist Belgrad (Beograd) mit 772 000 Einwohnern. Die Bevölkerung des Staates besteht überwiegend aus Serben, zu einem Viertel aus Kroaten, ferner aus Slowenen, Mazedoniern, rumänischen, slowakischen, türkischen, deutschen und italienischen Minderheiten.
Haupterwerb: Landwirtschaft (Mais, Weizen, Obstbau, vor allem Pflaumen), Weinbau, Tabak, Baumwolle, Schaf- und Rinderzucht, daneben Forstwirtschaft, Nahrungsmittelfabriken, Gießereien, Maschinenbau, Zement-, Glas- und chemische Industrie. Ansehnliche Bodenschätze: Kohlen, Eisen- und Manganerze, Erdgas, Kupfer, Blei, Quecksilber.
Hauptausfuhr: Vieh und Fleisch, Erze und Edelmetalle, Tabak, Wein, Maschinen, Schnittholz, Zement.
1918—1919 Gründung des jugoslawischen Staates als „Königreich der Serben, Kroaten und Slowenen" aus der Vereinigung des vormaligen Königreiches Serbien mit angrenzenden, abgetretenen Teilen der österreichisch-ungarischen Monarchie, ferner Teilen von Bulgarien, Mazedonien und von Montenegro entstanden. Seit 1946 kommunistische föderative Volksrepublik. 12,3 % der Bevölkerung sind islamischen Glaubens (Mohammedaner).

Rumänien

Eigene Donaustrecke 375 km lang (bei Zählung zur Sulina-Mündung). 471 Stromkilometer sind Grenzstrecke Rumänien-Bulgarien. Linksufrige Grenze Rumänien-UdSSR an der Pruthmündung (km 133). Kilia-Arm fast in ganzer Länge Grenzfluß gegenüber UdSSR. Von km 60 bis km 76 sowjetrussisches Hoheitsgebiet auch am rechten Ufer dieses Hauptarmes. Im Unterlauf sind der Stambul- und der Lima-Arm Landesgrenze. Haupthäfen: Orsova, Turn-Severin, Giurgiu, Calarasi, Hirsova, Braila, Galatz, Tulcea.
Die heutige Volksrepublik Rumänien umfaßt ein Gebiet von 237 502 qkm und hat 20,37 Millionen Einwohner. Hauptstadt ist Bukarest mit 1,47 Millionen Einwohnern. Die Bevölkerung des Landes besteht zu 87 Prozent aus

Rumänen. Außerdem leben 8,4 % Madjaren und 383 000 Deutsche (vornehmlich in Siebenbürgen), ferner u. a. Zigeuner sowie serbische, slowakische, kroatische, ukrainische und bulgarische Minderheiten in Rumänien.
Haupterwerb: Forstwirtschaft (Karpaten) und Landwirtschaft (Getreide, Mais, Vieh-, vornehmlich Rinderzucht). Leistungsfähige Werft- und Hüttenindustrie, Baumwoll-, Nahrungsmittel- und chemische Industrie. Wichtige Erdöl- und Erdgasvorkommen (Förderung 1973 = 14,2 Millionen Tonnen, vornehmlich im Raum Ploesti), ferner Braunkohlen, Eisenerze, Steinsalz, Kupfer, Zink und Gold.
Hauptausfuhr: Erdöl und Erdölprodukte, Erze und Halbfertigwaren, Verkehrsmittel, Maschinen, Holz, Getreide, Vieh.
1861 wurden die Fürstentümer Moldau und Walachei zum Fürstentum Rumänien vereinigt, zunächst unter türkischer Oberhoheit. 1866 konstitutionelle Monarchie. 1878 Anerkennung der im Jahr zuvor proklamierten Souveränität durch Berliner Kongreß, Vereinigung der Dobrudscha mit Rumänien. 1944 Republik. Seit 1945 kommunistische Volksrepublik.

Bulgarien
Eigene Donaustrecke nicht vorhanden. 471 Stromkilometer sind Grenzstrecke Bulgarien-Rumänien. Der bulgarische Staat „hängt" sozusagen an der Donau „wie ein Wäschestück an der Leine". Endgültige bulgarisch-rumänische Landesgrenze rechtsufrig bei Silistra (km 375). Haupthäfen: Vidin, Lom, Prahovo, Somovit, Svistov, Russe, Tutrakan, Silistra.
Die heutige Volksrepublik Bulgarien umfaßt ein Gebiet von 110 912 qkm und hat 8,54 Millionen Einwohner. Hauptstadt ist Sofia mit 858 840 Einwohnern. Die Bevölkerung des Staates besteht überwiegend aus Bulgaren, ferner türkischen, mazedonischen, armenischen Minderheiten und Zigeunern. Bulgarien ist überwiegend Ackerland (Weizen, Mais, Tabak, Baumwolle, Sonnenblumen, Obst, Weinbau, Schafe, Rinder, Geflügel). Auch die Forstwirtschaft ist bedeutend. Hochofen- und Stahlwerke sind neuerdings vorhanden. Außerdem gibt es Maschinenbau, chemische und Textil-Industrie.
Hauptausfuhr: Industrieartikel und Bergbauprodukte, Tabak, Gemüse, Obst, Rosenöl, Fruchtsäfte, Wein.
1879, nach dem Berliner Kongreß, wurde Bulgarien konstitutionelle Monarchie. 1919 Friedensvertrag von Neuilly, Abtretung von Thrazien an Jugoslawien und Griechenland sowie der Süddobrudscha an Rumänien. 1945 Republik. Seit 1947 kommunistische Volksrepublik.

Sowjetunion (UdSSR)
Eigene Donaustrecke auf dem Kilia-Arm 4 km, außerdem in sämtlichen Mündungsarmen des Kilia-Subdeltas. Kilia-Arm auf 133 Stromkilometer Grenzstrecke UdSSR-Rumänien, ebenso der gesamte Stambul- und Lima-Arm.
Die Sowjetunion ist das größte zusammenhängende Staatsgebiet der Erde. Sie besteht aus 15 „Räterepubliken" und umfaßt insgesamt eine Bodenfläche von 22 274 900 qkm. Sie reicht vom Pazifischen Ozean bis an die Donau und Ostsee. Ihre Bevölkerungszahl hat die 245-Millionen-Grenze überschritten. Hauptstadt ist Moskau mit 7,1 Millionen Einwohnern. Haupthäfen: Reni, Ismail, Kilia.

„Don Carlos" heißt es: „Wer weiß, was in der Zeiten Hintergrunde schlummert!"
Die Weltgeschichte geht unaufhaltsam weiter — und mit ihr das Geschehen in Europa, aber auch in Fernost. Daraus ergeben sich schließlich Konsequenzen, die heute noch gar nicht geahnt werden mögen.
Über Nacht kann der Donauraum Angelpunkt und Ausstrahlungszentrum für eine ganz neue Konstellation werden. Pionierarbeit dafür haben der Strom und seine Schiffahrt im letzten Jahrzehnt jedenfalls in hohem Maße geleistet.
Es lohnt sich wahrhaftig, den Zirkel in die Landkarte Europas zu stechen und mehrere Kreisbogen zu schlagen. Dabei entdecken wir verwundert: Von Regensburg ist es gleich weit nach Paris, Kopenhagen, Warschau, Belgrad, Rom und Marseille.
Andererseits liegen London, Stockholm, Witebsk, Odessa-Nikolajew, Istanbul, Athen und die Pyrenäengrenze gemeinsam auf einem zweiten Kreis, der sich um Wien herumschlagen läßt. Belgrad wiederum liegt von Madrid, Edinburgh, Moskau-Gorki, vom Roten Meer und vom mittleren Nil gleich weit entfernt.
In seinem „Tabulae votivae" sagte schon Schiller von Donau und Rhein: „Warum vereint man zwei Liebende nicht? Euch verheißen aus unserem Torus die Götter längst einen unsterblichen Sohn ..."
Niemand weiß, ob der Kanal von der Donau über die March zur Oder, ob vielleicht auch der andere vom Hochrhein und Bodensee zur Donau bei Ulm eines Tages verwirklicht werden können.
Aber gewiß ist, daß seit 1921 aktiv an der Kanalisierung des Mains und der oberen Donau gearbeitet wurde. 1962 öffnete sich der neue Bamberger, 1975 der neue Nürnberger Hafen. Und während dieses Buch gedruckt wird, ist schon die Kanaltrasse von Nürnberg nach Kelheim im Bau. Es wird nur noch der „Katzensprung" von etwas über neunzig Kilometern getan, der Nürnberg mit Kelheim und damit den Rhein von der Donau trennt.
Es ergibt sich geradezu von selbst, daß die kühnen Träume von Karl dem Großen, Napoleon, Schiller und Goethe in gar nicht so ferner Zeit erfüllt werden — Anfang der 80er Jahre. Der letzte Durchstich vom Rhein zur Donau wird ein weltgeschichtlicher Augenblick sein!
Die Verkehrsader Donau nach Westen und die EG-Herzschlagader Rhein nach Südosten zu verlängern, ist der Sinn des im Bau befindlichen Europakanals Rhein-Main-Donau. Er wird Rheinregion und Donauraum als „zwei unterschiedlich geprägte europäische Kraftfelder" (Herbert Pattberg) miteinander verflechten und Leitlinie für ganz neue Impulse sowie Entwicklungen sein — wenn man sich vor ruinösem Wettbewerb hütet.
Eine 3 700 Kilometer lange Diagonale wird ganz Europa durchschneiden und 13 Länder zusammenführen. Belgische, holländische, schweizerische Schiffe werden einst ebenso in Ismail, Galatz und Budapest festmachen, wie österreichische, jugoslawische, bulgarische rumänische, russische — ja ungarische in Basel, Frankfurt, Antwerpen und Amsterdam.
Vater Rhein und Mutter Donau werden zu einem Ganzen — als künftige Lebensader für ein ganz neues Europa von morgen ...

H. G. Pragers* Sachbücher über zwei große deutsche Reedereien:

F. L A E I S Z
Vom Frachtsegler bis zum Bulk Carrier

144 Seiten, Format 21 x 27 cm, 32 Fotos, z. T. 4farbig auf Kunstdruck, 64 Risse, Karten, Dokumente und Skizzen. Komplette Schiffsliste der Reederei, ca. 38,— DM.

DDG »HANSA«
Vom Liniendienst bis zur Spezialschiffahrt

168 Seiten, 60 Fotos, z. T. 4fbg. auf Kunstdr., ca. 100 Zeichn., Format 21 x 27 cm, ca. 44,— DM

Zu Schiff durch Europa

176 Seiten, 8 farbige und 8 schwarz-weiße Fototafeln, 52 Textzeichnungen und Karten, Linson, ca. 24,— DM

Ein ungewöhnlicher Bericht über die dynamische Welt an Bord der Schubverbände, Großraum-Selbstfahrer, Koppel- und Gelenkschiffe in »Radar-Continue-Fahrt«, die elektronisch navigieren und über Inter-ship-Funk ihre Begegnungen absprechen. Hans Georg Prager hat monatelang zwischen Nordsee und Schweiz, Paris und Berlin, Regensburg und Schwarzem Meer das Wasserstraßennetz bereist. So entstand dies große Buch über die Binnenschiffahrt.

»Und wer da meint, man könnte das Abenteuer zu Schiff nur auf salziger See erleben, der irrt gründlich: ‚Zu Schiff durch Europa', an Bord der stets sachkundige Sachbuchautor Hans Georg Prager, geht es durch die Süßwasserreviere, wobei links und rechts das Panorama modernster Verkehrstechnik auftaucht. Sogar das Blaue Schnelldampfer-Band verblaßt dagegen; und der Rhein oder das Schiffshebewerk in der Lüneburger Heide werden nicht minder aufregend als Kap Hoorn oder die Hafenkneipe von Honolulu-Higigeiga.

Auch dieses Buch — und dieses besonders — ist ein Exempel dafür, daß sach- und fachkundige Reportage dem Nur-Ausgedachten überlegen ist.«

(WELT am SONNTAG)

Das deutsche Jahrbuch der Seefahrt seit 1901:

Köhlers Flottenkalender
Redaktion: H. G. Prager

240 Seiten mit vielen Farb- und Schwarzweißfotos, Textzeichnungen, Schiffsrissen und Karten, Preisrätsel, Paperback, ca. 12,80 DM.

Ein Dreivierteljahrhundert deutscher Schiffahrtsgeschichte wurden von diesem Almanach begleitet, der sich längst zum modernen, attraktiv gestalteten und aufwendig illustrierten Jahrbuch der deutschen Seefahrt weiterentwickelt hat.

WELT am SONNTAG: »Ohne Geschichte zu schmähen, stehen jetzt die Beiträge, spannend gemischt, auf der Höhe der modernen Zeit, wobei die friedfertige Seefahrt mitsamt dem ‚Abenteuer der Wissenschaft' in den Vordergrund gerückt ist. ‚Köhlers Flottenkalender' ist weiterhin ein exemplarischer Spiegel deutschen Geschehens zur See.«

Nordsee-Zeitung: »Spritziger, wohldosierter Cocktail aus allen Ingredienzen der weltweiten Schiffahrt.«

Hessischer Rundfunk: »Die Palette der Inhalte ist so bunt und abwechslungsreich, zugleich so sachlich und nüchtern wie die Seefahrt unserer Tage; Rückblicke auf Vergangenes zeigen, was sich gewandelt hat im Laufe der Zeiten. Das allgemeine Fazit lautet: Zeitgemäße Information aus erster Hand.«

* *KEHRWIEDER:* »Einer unserer besten Sachbuchautoren.«

Unseren großen farbigen Seefahrtprospekt senden wir Ihnen gern auf Anforderung kostenlos zu.

Koehlers Verlagsgesellschaft mbH · 4900 Herford